AF174275

IDEAS
35

ARNALDOS, Andrés, Fidel CADENA SERRANO, José Miguel CASTILLO CALVÍN, Luis María CAZORLA PRIETO, Francisco José CONTRERAS PELÁEZ, Nuria DÍAZ ABAD, Rafael GÓMEZ PÉREZ, Antonio del MORAL GARCÍA, Andrés OLLERO, María Rosa RIPOLLÉS SERRANO, Joaquín VIVES DE LA CORTADA FERRER-CALBETÓ: *Regeneración de órganos constitucionales y separación de poderes*, Ideas y Libros Ediciones, Madrid, 2025, 156 pp. Edición al cuidado de José Andrés-Gallego y Donato Barba. Diseño de portada, Edurne A. Urtasun. 148X210 mm.

Papel, ISBN 978-84-17892-81-4 EAN 9788417892814

Digital ISBN 978-84-17892-82-1 EAN 9788417892821

Depósito Legal: M-11852-2025

Ideasylibros.ed@gmail.com https://ideasylibrosediciones.blogspot.com/

PAPEL: Librerías en **España**. Además: grupoediciones19.bajodemanda.com Península Ibérica, Canarias y Baleares https://www.agapea.com/ **Argentina** *CUSPIDE http://www.cuspide.com/ *MANDRAKE mandrakelibros.com.ar *OZONUM Mercado Libre https://listado.mercadolibre.com.ar/**Brasil** *O ATENEUM www.oateneum.com.br/ **Colombia** *LEMOINE EDITORES www.librosyeditores.com *BIBLIOSTORE Mercado Libre https://listado.mercadolibre.com.co/ *LIBRERIA DE LA U www.libreriadelau.com / **Chile** *BIBLIOSTORE CHILE - Mercado Libre https://www.mercadolibre.cl/ *Voy a Leer www.voyaleer.cl / *WePrint **Ecuador** *POWER STORE BOOKS www.powerstorebooks.com *THE BOOKS LINK www.thebookslink.com/ **Estados Unidos**: *Ingram-US **Guatemala** *SOPHOS / **Méjico** *BIBLIOSTORE México - Mercado Libre https://www.mercadolibre.com.mx/ *Librerías GANDHI www.gandhi.com.mx/ *Librerías GONWIL www.gonvill.com.mx/ **Perú** *ALEPH IBD (Mercado Libre) https://listado.mercadolibre.com.pe/ *Librería SBS https://www.sbs.com.pe / **Uruguay** *MERCADOLIBROS (Mercado Libre) https://mercadolibros.uy/ *PALACIO DEL LIBRO S.A. www.libreriapocho.com.uy

DIGITAL: https://www.casadellibro.com/ ¿Desde dónde se pueden comprar los eBooks? España, Portugal, Austria, Alemania, Argentina, Bélgica, Chile, Chipre, Colombia, Eslovaquia, Eslovenia, Estonia, Finlandia, Francia (Guayana Francesa, Guadalupe, Martinica, Reunión, San Pedro, Miquelón, Wallis y Futuna.), Grecia, Irlanda, Italia, Luxemburgo, México, Mónaco, Países Bajos, Polinesia Francesa, Reino Unido, Suiza. ADEMÁS https://vivlio.casadellibro.com/ Argentina, Chile, Colombia, España, Francia, México y Reino Unido

IDEAS

35

sobre

REGENERACIÓN DE ÓRGANOS
CONSTITUCIONALES Y SEPARACIÓN DE PODERES

*

Andrés Arnaldos
Fidel Cadena Serrano
José Miguel Castillo Calvín
Luis María Cazorla Prieto
Francisco José Contreras Peláez
Nuria Díaz Abad
Rafael Gómez Pérez
Antonio del Moral García
Andrés Ollero
María Rosa Ripollés Serrano
Joaquín Vives de la Cortada Ferrer-Calbetó

ÍNDICE

PRIMERA PARTE:

PODER LEGISLATIVO FRENTE A PODER POLÍTICO

SEGUNDA PARTE:

PODER JUDICIAL FRENTE A PODER EJECUTIVO

INTERVENCIONES EN LOS COLOQUIOS

PRESENTACIÓN

La importancia de lo tratado en este XXV Seminario del Capítulo Jurídico de AEDOS no requiere apenas explicaciones. Esa trascendencia de la separación de poderes fue advertida por Locke en el siglo XVII, desarrollada por Montesquieu en el XVIII y convertida en orden institucional a partir de la Revolución liberal. Su problemática ha generado multitud de cuestiones a los que se han dado soluciones muy diversas. En el sistema parlamentario español actual, la amplitud del poder ejecutivo es una de las cuestiones más debatidas. Si nos referimos al poder legislativo estas aparecen incluso con más fuerza por sus repercusiones en el sistema electoral. Para el poder judicial los obstáculos son evidentes cuando se trata de hacer posible y eficaz su independencia del ejecutivo y del legislativo.

En una cultura en la que el relativismo alcanza la categoría de cuasi principio indiscutible todo este panorama se complica mucho más; especialmente en lo que concierne al poder judicial. Conciliar justicia, relativismo e independencia no es fácil: los intentos de politización del mismo son evidentes en todo el mundo occidental.

En este Seminario se reunieron jueces y juristas españoles especialmente experimentados y expertos en toda esta problemática. Eso hace de este libro un texto muy atractivo en el que no se eluden críticas al sistema ni posibles correcciones al mismo.

El Seminario se celebró cuando corría noviembre de 2018, y las contribuciones redactadas por diversos participantes en aquella reunión han sido revisadas ahora, con la perspectiva y cambios producidos en los años transcurridos. En ese sentido, puede decirse que el libro ha ganado en interés; porque las soluciones dadas permiten abordar los problemas principales con nuevos elementos de juicio.

El programa que aparece en el libro es una simplificación del que se circuló al celebrar el seminario. Aquí se incluyen solo los ponentes que han elaborado los textos escritos de sus intervenciones y de tres asistentes que han redactado sus comentarios a las ponencias. En suma, los coautores del libro son Andrés Arnaldos, Fidel Cadena Serrano, José Miguel Castillo Calvín, Luis María Cazorla Prieto, Francisco José Contreras Peláez, Nuria Díaz Abad, Rafael Gómez Pérez, Andrés Ollero, María Rosa Ripollés y Joaquín Vives de la Cortada Ferrer-Calbetó, introducidos por el Presidente del Capítulo Jurídico, Antonio del Moral García.

El Ilustre Colegio de Abogados de Madrid ha respaldado la edición e impresión de este XXV Seminario Jurídico. El logos del Ilustre Colegio es testimonio de esa valiosa ayuda. Vaya por todo ello nuestro agradecimiento.

José Andrés-Gallego, Director de la Colección *Ideas*
Fernando Fernández Rodríguez, Presidente de AEDOS

CAPÍTULO JURÍDICO
XXV SEMINARIO

REGENERACIÓN DE ÓRGANOS CONSTITUCIONALES Y SEPARACIÓN DE PODERES

PROGRAMA

9:00 h.

INTRODUCCIÓN

Antonio del Moral García

Magistrado del Tribunal Supremo

Presidente del Capítulo Jurídico de AEDOS

9:30 h. PRIMERA PARTE:

PODER LEGISLATIVO FRENTE A PODER POLÍTICO

El sistema parlamentario desde la perspectiva del Parlamento: fiducia, información, control e impulso, ¿mito o realidad?

María Rosa Ripollés Serrano
Letrada de las Cortes Generales

La insoportable levedad del poder legislativo
Francisco José Contreras Peláez
Catedrático de Filosofía del Derecho
Universidad de Sevilla

Los riesgos del Poder Legislativo
Luis Cazorla Prieto
Letrado de las Cortes Generales

11:45 h. SEGUNDA PARTE:

PODER JUDICIAL FRENTE A PODER EJECUTIVO

¿Jueces críticos o ingenieros sociales?

Andrés Ollero

Catedrático de Filosofía del Derecho

De la Real Academia de Ciencias Morales y Políticas

Independencia, imparcialidad y transparencia en el nombramiento de altos cargos judiciales

José Miguel Castillo Calvín

Doctor en Derecho

Abogado y economista

Independencia del Poder Judicial y de su órgano de gobierno

Nuria Díaz Abad

Abogada del Estado. Ex Vocal del Consejo General del Poder Judicial

El ministerio fiscal y el estado de derecho

Fidel Ángel Cadena Serrano

Fiscal de Sala del Tribunal Supremo

13 h. COLOQUIO

Comentarios al hilo del Seminario jurídico
Andrés Arnaldos

Abogado. Director del despacho Arnaldos y asociados

Comentarios sobre algunos aspectos del Seminario jurídico: Regeneración de órganos constitucionales y separación de poderes
Joaquín Vives de la Cortada Ferrer-Calbetó

Jefe de Gabinete de la Presidencia del Tribunal Constitucional

Diagnóstico y terapia paa la regeneración democrática
Rafael Gómez Pérez

Doctor en Derecho y en Filosofía. Profesor emérito de Antropología Cultural de la Universidad Complutense de Madrid

14:45 h. CLAUSURA

INTRODUCCIÓN

ANTONIO DEL MORAL[*]

Con sorna e indisimuladas dosis de exageración alguien ha escrito que las Instituciones son edificios que son ocupados por políticos. La imagen es hiperbólica y busca la caricatura, pero todos entendemos que es caricatura de una realidad cierta ante fenómenos, groseros o sutiles, de avasallamiento de las instituciones y la legalidad (Papa Francisco, *Fratelli Tutti*, 159) por quienes debieran ser sus principales valedores.

Se habla mucho y hace tiempo de la necesidad de regenerar las instituciones. Pero no mucho se ha hecho; antes bien parece que la dinámica de deslegitimación de las instituciones y erosión de su autoridad se acelera.

Este nuevo Capítulo Jurídico de AEDOS, que retomamos tras un largo paréntesis, quiere reflexionar e intercambiar ideas sobre ese tema de fondo, pero desde dos de sus manifestaciones: la crisis de la separación de poderes convertida en un principio en el que se perciben grietas que se agrandan y se llegan a percibir como tolerables o necesarias; y la generalización de unas prácticas en los nombramientos para acceder a

[*] Magistrado del Tribunal Supremo. Presidente del Capítulo Jurídico de AEDOS.

determinadas instituciones básicas en el estado de derecho en las que parece no primar la excelencia o prestigiar la institución.

Dos mesas redondas en que prácticos y teóricos de prestigio abordarán algunas de las cuestiones implicadas para propiciar el debate y la reflexión colectiva.

Contamos con la colaboración, en esta convocatoria, del Instituto-CEFAS Centro de Estudios, Formación y Análisis Social. Y con el apoyo para la edición del seminario del Ilustre Colegio de Abogados de Madrid. A las dos instituciones nuestra gratitud.

PRIMERA PARTE

PODER LEGISLATIVO
FRENTE A PODER POLÍTICO

EL SISTEMA PARLAMENTARIO EN LA PERSPECTIVA DEL PARLAMENTO: FIDUCIA, INFORMACIÓN, CONTROL E IMPULSO, ¿MITO O REALIDAD?

*MARÍA ROSA RIPOLLÉS SERRANO**

El sistema parlamentario

En esta materia es clásico partir de Montesquieu quien en su libro "El espíritu de las Leyes" refería los tres poderes del Estado: el legislativo, el ejecutivo y el judicial, como órganos que actuaban desde su naturaleza y competencias propias y con separación entre ellos; lo que permitía, al atribuir las funciones del Estado a sujetos distintos (el autor de la ley -el parlamento-, el encargado con carácter general de ejecutarla -el ejecutivo- y los que la aplicaban caso por caso, al caso controvertido, por medio de sentencias -el judicial) establecer mecanismos de inter control y de "frenos y contrapesos", lo que redundaba en mayor control de los poderes públicos y mayor libertad para los ciudadanos. De este modo el Estado liberal y el Estado de Derecho

---

* Doctora en Derecho. Letrada de las Cortes Generales

consagran esta teoría con instituciones que en su esencia participan de esta circunstancia y del sometimiento a la Ley, y del respeto y garantía de los derechos fundamentales del hombre, pilares del Estado de Derecho.

Desde esta concepción, como es sabido, las diferentes constituciones regulan distintas formas de relación entre los poderes públicos del Estado que se han venido denominando sistema presidencialista, sistema parlamentario y sistema asambleario. Dicho de manera muy simplificada, el primero es aquel en el que el presidente -Jefe de Estado, por ej., en Francia; y en algún caso jefe de Estado y de gobierno, caso de Estados Unidos de América del Norte, tiene su origen en la elección popular directa o indirecta, y, a su vez, el parlamento es, obviamente, también de elección ciudadana directa, circunstancias que crean dinámicas paralelas que suelen decantarse ,por una posición de mayor poder del Ejecutivo.

El denominado sistema asambleario es aquel en el que la elección directa del legislativo y la atribución constitucional de máximas competencias a la asamblea hace del Gobierno un a modo de delegado de la misma; sistema que cuenta en la actualidad con pocos ejemplos prácticos, salvo el caso paradigmático suizo siempre citado a la hora de ejemplificar esta modalidad de sistema de gobierno.

En el caso del sistema parlamentario, por el contrario, la elección directa es la del legislativo y éste, a su vez, elige o determina conforme a su composición, la formación de Gobierno, creándose. A partir de esa determinación, una relación sinalagmática, de reciprocidad, en la que el Parlamento controla al Gobierno y éste además de responder ante el Parlamento tiene también mecanismos de cierta compulsión parlamentaria como sería el de disolver anticipadamente las cámaras, o plantear ante la o las cámaras una cuestión de confianza, o determinados vetos a la actividad legislativa fundados en la unidad y estabilidad presupuestaria.

Pues bien, estos modelos teóricos en su adaptación a los diferentes Estados presentan múltiples variables reconducibles a la tipología clásica –presidencialismo puro, en EE UU de América del norte; semi presidencialismo, sistema francés de la V República; parlamentarismo monárquico, caso de Gran Bretaña o España; parlamentarismo republicano, en Alemania o Italia; parlamentarismo perfecto, en Italia; o imperfecto, en España etc., etc; en fin, variaciones del esquema original que sigue persistiendo, en esencia, como forma racional y equilibrada de organización del poder político.

Ahora bien, hay una variación que es común prácticamente a todos los sistemas, me refiero al papel muy relevante de los partidos políticos que, en los modernos Estados a partir del siglo XX, con mayor o menor enjundia, han transformado la misma relación de representación y también, y mucho, la propia posición del parlamento y el trabajo parlamentario.

En efecto, si el esquema representativo clásico era: ciudadano elector, parlamentario elegido, parlamento, gobierno. En época actual es ciudadano elector, partido político, grupos parlamentarios, parlamento, gobierno. Verdadera mutación de la idea de representación y de la misma naturaleza del parlamento.

La relación parlamento gobierno en el sistema parlamentario

Así pues, la relación de representación clásica en el sistema parlamentario contaba con cuatro sujetos, dos en el origen que eran elector y parlamentario elegido; y otros dos en la propia organización del sistema representativo: el parlamentario que controlaba, y el gobierno controlado pero que también contaba con algunas competencias específicas, o contramedidas de respuesta al control, como era, ya se ha dicho, la capacidad de disolver el parlamento.

Así trabada esta relación, no era inusual que varios parlamentarios se aliaran para derribar un gobierno, pero fueran incapaces acto seguido de mantener esa *liaison* para dar estabilidad al nuevo gobierno, a lo que salió al paso una institución como fue la moción de censura constructiva: -ustedes se ponen de acuerdo para derribar un gobierno, pero, a la par, también para ver qué otro gobierno le sucede, de modo que con ello garantizamos estabilidad y que no haya vacíos de poder.

Este mecanismo tan útil y garantista, expresión de lo que la teoría clásica denominó parlamentarismo racionalizado, en manos de partidos políticos se vuelve aún más rígido, porque no se trata ya, o no solo se trata ya, de escoger el político más avezado, más conciliador, más preparado, para liderar la sustitución de un Gobierno, sino de ver con qué número de votos cuenta cada partido en su versión parlamentaria de grupo parlamentario, para alcanzar el número mágico, la mayoría absoluta, que permita proceder a la sustitución de un gobierno, lo cual, en supuestos de grupos no mayoritarios necesariamente fuerza a gobiernos de coalición e in extremis al maniqueísmo político.

Además, en la moderna relación representativa, los dos sujetos iniciales se han transformado en tres: el elector, que ya no elige a un parlamentario, sino a la lista propuesta por un partido político, lo que provoca una despersonalización de la elección; el candidato que ya no es solo un ciudadano sino un ciudadano generalmente inserto en una lista de partido político, lo que acarrea disciplina y obediencia. Y, asimismo, incide en la organización del parlamento, pues el parlamentario deja de ser un sujeto parlamentario individual, para pasar a ser un individuo que forma parte de un grupo parlamentario que es el verdadero sujeto del parlamento; de resultas de lo cual el parlamentario ha de adaptarse a los mecanismos de poder del grupo; y el parlamento es un órgano en el que los grupos parlamentarios detentan el protagonismo y son realmente quienes llevan a cabo las funciones parlamentarias y, entre ellas, quienes controlan al gobierno, tal y como se desprende de los reglamentos de las Cámaras.

¿Qué significado tiene esta mutación de la relación representativa y del parlamentarismo?, pues, en primer lugar que es mucho más rígida, también ciertamente más estable; y, en segundo lugar, que la posición de los representantes es más débil frente al mayor -sumo- poder del grupo parlamentario, y muy especialmente, la directiva del grupo, en estrecha conexión con la del partido político.

Desconocer que la realidad representativa actual bascula sobre los partidos políticos y que la parlamentaria lo hace sobre ese sujeto colectivo que es el grupo parlamentario, es ignorar la misma realidad y de ese desconocimiento provienen errores de tratamiento de los problemas y, a la postre, la articulación de posibles soluciones como, por ejemplo, ¿hay mecanismos que pueda establecer el parlamento para conseguir que el parlamentario pueda ejercer su libertad como tal representante, más allá de las directrices del grupo parlamentario, al menos en asuntos de conciencia?; o, ¿cómo casar la necesaria estabilidad parlamentaria sin considerar a los grupos como sujetos monopolísticos del funcionamiento y actividad del parlamento?; o ¿cómo armonizar su condición asociativa privada con la percepción de financiación pública parlamentaria y la realización de actividades públicas tan relevantes como la iniciativa legislativa o la exclusividad en la presentación de enmiendas de totalidad o de proposiciones no de ley?.

Pues bien, nuestra Constitución contempla este sistema de gobierno: un sistema parlamentario que denomina en el art. 1.3, ciertamente con alguna confusión conceptual, "Monarquía parlamentaria", en lo que es una forma de gobierno monárquica y un sistema de gobierno parlamentario. Si la jefatura del Estado se desarrolla en el Título II de la CE, con claras referencias parlamentarias en el juramento ante las Cortes, la Regencia, la tutoría del Rey o la participación del Rey en las competencias de Cortes -convocatoria, disolución, sanción de las leyes, etc., ex art 62 CE; las competencias de las Cámaras en relación al Gobierno y de éste respecto de las Cámaras se despliegan en los Títulos III y IV de la CE, en lo que atañe a las diferentes competencias parlamentarias: la legislativa, la de confianza y control, la presupuestaria, la relacionada con tratados internacionales, y, en fin, las demás propias de las relaciones inter orgánicas dispersas por el texto constitucional respecto de órganos constitucionales -Gobierno, Tribunal Constitucional, Consejo General del Poder Judicial, Defensor del Pueblo, Tribunal de Cuentas, etc., etc.- en un doble plano, la conformación subjetiva de órganos y la relación objetiva con las materias propias de cada cual, allá hasta donde lo permite la autonomía de tales órganos, razón por la cual respecto del Poder Judicial son muy escasas y muy estrechas y complejas respecto del Gobierno.

Precisamente por eso, en el sistema parlamentario actual no basta con hablar de control parlamentario, sino que el género "control" abarca una serie de especies de distinto contenido como son la fiducia o confianza, la información, el impulso político y , evidentemente, los institutos propiamente de control parlamentario.

Así se podría decir que la relación con la Jefatura del Estado y otros órganos constitucionales se sitúa en el terreo de la fiducia, esto es de la confianza, en el sentido de la acepción de fiducia que recoge el DRAE, como "ánimo, aliento, vigor para obrar"; mientras que en otros momentos y acciones parlamentarias la relación inter orgánica es de impulso, de información o directamente de control político en lo que respecta al Gobierno como órgano que emana del Parlamento –en nuestro sistema, del Congreso de los Diputados-, y ante él responde.

Especies del género: control, confianza o fiducia, información e impulso

Si esa singular relación interorgánica que da "coloratura" a nuestro modelo de organización política es el sistema parlamentario, de ella derivan cono se ha dicho diversas especies porque, en propiedad, por ejemplo, no cabría hablar de control político parlamentario respecto del Tribunal Constitucional (art. 159.5 CE), ni respecto del Poder Judicial, aunque se ha sostenido que sí respecto del CGPJ, pues es, como tal, un órgano constitucional, aunque su naturaleza de órgano de gobierno del Poder Judicial aleja la noción de un estricto control parlamentario (art. 117 en relación con el 122 CE), ni, obviamente del Presidente del TS, y, por extensión de los miembros del Poder Judicial, o del Fiscal General del Estado, en tanto en cuanto son órganos de poderes calificados constitucionalmente como independientes; como tampoco es predicable el control en relación al Tribunal Constitucional, y, con matices, respecto de órganos de fiscalización y control de la gestión económica del Estado y del sector público, caso del Tribunal de Cuentas, pues, por más que se diga en la CE que el Tribunal de Cuentas depende directamente de las Cortes Generales y ejercerá sus funciones por delegación de ellas en el examen y aprobación de la Cuenta General del Estado (art.136.1 CE), la propia Constitución afirma que los miembros del Tribunal de Cuentas gozarán de la misma independencia e inamovilidad y estarán sometidos a las mismas incompatibilidades que los jueces (art. 136.4 CE).

Por tanto, la cualidad de la actuación parlamentaria en relación a estos órganos no puede ser la de control, sino la de información, e impulso y, en todo caso, aquella que es esencia del buen funcionamiento del Estado: la confianza, la reiterada fiducia.

Es más, esta noción de fiducia alcanza también a sujetos societarios -los partidos políticos, las asociaciones y sindicatos, patronales, colegios profesionales, etc., que no son ajenos al impulso parlamentario, por lo mismo que el parlamento requiere de la información que proviene de estas instancias.

Y, así fue desde los momentos pre constitucionales -caso de los pactos de la Moncloa para afrontar la grave crisis económica de octubre de 1977-; a otros acuerdos, ya vigente la Constitución, como los Pactos autonómicos de 1981 y 1992, o los pactos anti terroristas como el Pacto por las libertades y contra el terrorismo de diciembre de 2000; o, incluso, el pacto tácito contra proyectos extra muros de la Constitución, como fue el rechazo del Congreso de los Diputados al denominado Plan Ibarretxe, cuando el 1 de febrero de 2005 el pleno de la Cámara rechazó por 313 votos en contra, 29 a favor y 2 abstenciones la proposición de reforma del Estatuto político de la Comunidad de Euskadi.

Si la información tiene un papel importante en la formación de criterio y voluntad parlamentaria y por ello afecta a los diversos órganos del Estado y asimismo a las representaciones de la sociedad civil, también se trata, especialmente, de un concepto que vincula estrechamente al Gobierno y a la administración pública con el parlamento. En efecto el art.109 CE dispone que las Cámaras y sus Comisiones podrán recabar la información y ayuda que precisen del Gobierno y de sus departamentos y de cualesquiera autoridades del Estado y de las CCAA. Y sobre esta facultad, que se sustenta lógicamente en la confianza mutua, pueden reclamar la presencia de miembros del Gobierno que se lleva a cabo con comparecencias en comisiones o pleno; y, la otra cara de la moneda, el mismo Gobierno tiene acceso a las sesiones de pleno y de comisiones y la facultad de hacerse oír en ellas y puede solicitar que informen ante las mismas funcionarios de sus departamentos (art. 110 CE).

Sobre este precepto se han construido las comparecencias y, por vía de precedente, concretamente las célebres comparecencias presupuestarias que en el Congreso se encuentran descentralizadas en las comisiones permanentes legislativas especializadas cada una en recibir información de los altos cargos del departamento con el que se relacionan; y que en el Senado se centralizan en la Comisión de Presupuestos.

Pero es que, además, como se ha dicho, la información al parlamento no solo proviene de las instituciones públicas, sino que, y esto es bastante poco conocido, hay un continuo flujo de información social a través de entidades, asociaciones, corporaciones, expertos, ya sea con visitas de parlamentarios o con la presencia en las cámaras y sus comisiones, integran un rico acervo informativo de la sociedad civil hacia el parlamento. Es más, mi experiencia de muchos años en comisiones o ponencias en una u otra Cámara o subcomisiones en el Congreso muestra cómo la citación para comparecer en una comisión, una ponencia etc., revela, en términos generales, un grado muy alto de interés y satisfacción del compareciente, generalmente orgulloso de intervenir ante el órgano representativo y, a su vez, suele ser muy útil para las tareas del parlamento. Y esta es una competencia que nada tiene que ver con el control, muy distinta, por ejemplo, a las comparecencias en comisiones de investigación en las que suele haber otros intereses, no siempre confesables, aparte de la estricta "investigación" política, y cercanos a la batalla política más que a cualquier otro interés público.

En esta circunstancia reside una de las potencialidades parlamentarias más relevantes, porque facilita un contacto directo entre ciudadanía y parlamento y acerca posiciones de la sociedad civil a las Cámaras; siempre he pensado que esa presencia, redundaba en una actividad parlamentaria más cercana a la realidad del ciudadano y vinculaba a éste con su órgano de representación, lo cual ya por sí es un plus para la función parlamentaria.

En lo tocante al control parlamentario entramos ya en otro terreno, el de la pura relación de control al poder político, porque es un hecho que el poder tiende a expandirse y actuar con su propio sesgo y, frente a ello, el control actúa como ese "freno y contrapeso" del que hablaban los clásicos. Así es, en abstracto, y, en concreto, mediante diversos mecanismos que se suelen clasificar en instituciones parlamentarias de control político con sanción o consecuencias jurídicas y otras sin tales consecuencias.

De entre las primeras, sin duda la moción de censura (arts. 113 CE y 175 y ss RCD) es la institución reina del control político al Gobierno, hasta el punto de que puede derribar un Gobierno y, por el mismo acto, sustituirlo por otro. La reciente práctica constitucional, tras un pasado de inefectividad que hacía pensar que esa institución era prácticamente inoperante, la coalición de Grupos de 2018 proponiendo al candidato Sánchez Pérez Castejón, rompió ese mito y puso sobre la mesa el hecho de que, salvo crisis de partidos gubernamentales, el triunfo de una moción de censura va parejo a la existencia de gobiernos de coalición, lo que asimismo ha interferido en lo tocante al control, porque en primer lugar, cuando el Gobierno es plural las dificultades del control se incrementan para la oposición parlamentaria, toda vez que hay varias líneas de desarrollo político en propia sede de gobierno; y, en paralelo, se incrementa la dificultad para el propio gobierno en mantener una posición lineal cuando hay sesgos distintos entre los grupos políticos que lo forman.

Por otra parte, y en segundo lugar, al prosperar una moción de censura constructiva se hace evidente una faceta de control muy singular como es que se produce un doble nivel de control:

el de la estricta oposición y el de los grupos que forman parte no gubernamental de apoyo al Gobierno, y que suelen bajar el nivel de oposición parlamentaria formal, de modo inversamente proporcional al nivel de obtención de resultados favorables por parte del Gobierno, forzado a una continua negociación y a veces a propiciar un cierto clientelismo.

Añádase a este panorama, en tercer lugar, que la necesaria configuración de mayorías absolutas para que prospere una moción de censura, no contribuye precisamente a mejorar la estabilidad política general, sino a polarizar la situación política. Esta es la gran paradoja de la moción de censura constructiva: estabilidad a cambio de polarización.

Junto a la moción de censura la otra institución reina de control político es la Cuestión de Confianza: (art 112 y 114 CE y 173 y 174 RCD), también con sede exclusivamente en el Congreso y que ha tenido una práctica muy escasa -Suárez en 1980 y González en 1992-siempre con éxito del Presidente que la planteó. En este caso, diríamos que, tras la deliberación del Consejo de Ministros, el Presidente del Gobierno plantea al Congreso, a modo de envite, la solicitud de confianza sobre su programa o sobre una cuestión de política general, y le basta para que prospere ese entendimiento de confianza que haya mayoría simple favorable -más votos a favor que en contra-. La esencia de esta institución radica en que, ante una crisis parlamentaria, no haya acuerdo en número suficiente -mayoría absoluta- para fraguar una moción de censura o el desacuerdo con el Gobierno sea menos grave o menos complejo que el que da lugar a la presentación de una moción de censura.

Las reprobaciones a ministros no existen en la CE ni en los reglamentos parlamentarios como tales, sino que se instituyeron por vía de precedente tanto en el Senado como en el Congreso. No cuentan con sanción jurídica que obligue a dimitir o a cesar al ministro reprobado, y, por paradójico que resulte, la inercia del poder a veces ha reforzado a un ministro reprobado y en precario dentro del propio Gobierno, probablemente causa de su menor utilización en las últimas legislaturas.

Respecto de las instituciones de control al Gobierno sin sanción jurídica, la primera constatación es que pueden ser llevadas a cabo por ambas Cámaras y todas ellas integran un conjunto de elementos de control de perfil bajo o medio, sin explicitas consecuencias jurídicas, aunque pueden ir minando la posición gubernamental a fuer de reiterativas y, sobre todo, por cuanto tienen las instituciones de control -cualidad que comparten todas ellas- de expresión hacia la ciudadanía de la concreta posición política de la oposición respecto de múltiples cuestiones.

Entre estas instituciones de control menor están, en primer lugar, las preguntas (111.1 CE y 185 y ss. RCD y 162 y ss. RS) que constituyen uno de los pocos reductos de expresión del parlamentario individualmente considerado, cualquiera que sea su formato: orales en pleno o en comisión, escritas, o escritas reconvertidas en orales en comisión como sanción por la falta de respuesta gubernamental en plazo; preguntas que versarán sobre hecho, situación, información sobre una providencia gubernamental o remisión de documento o información por el Gobierno; escuetas, con una sola cuestión, y que no han de ser de interés personal de quien la formula u otra persona singularizada, ni suponer consulta de índole estrictamente jurídica. De entre este tipo de institutos sin duda el más eficaz y vistoso son las preguntas orales en pleno, con rígido sistema de cupo de grupos y diputados o senadores que cada miércoles de semana parlamentaria en el Congreso o martes por la tarde en el Senado, dan lugar al denominado en Derecho parlamentario británico "*question time*" o sesión de control con preguntas orales al Gobierno en pleno.

En el ranking de los instrumentos ordinarios de control se sitúan en segundo lugar las interpelaciones, previstas en el art.

111 CE, a iniciativa de los parlamentarios y Grupos parlamentarios, como instituciones que solo se pueden debatir en los plenos, y deben versar sobre los motivos o propósitos del Ejecutivo, en cuestiones de política general, o de un departamento ministerial, y pueden dar lugar a mociones en las que la Cámara manifieste su posición (arts. 180 y ss. RCD. Y 170 y ss. RS). Instrumentos clásicos de control, que han ido perdiendo algo de su virtualidad a favor de otros medios de control, como las comparecencias que se recogen a continuación.

En efecto, las comparecencias son un mecanismo teóricamente de información, que lo son, y, sobre todo, de control político al Gobierno de primera magnitud. Previstas en el art. 110 CE como presencia de los miembros del Gobierno en los plenos o las comisiones, y desarrolladas en los arts. 44 RCD para las comisiones, y 202 y 203 y ss. del Reglamento para el pleno; y art. 66.1 y 2 para las comisiones del Senado y 182 del RS para el pleno, por cierto recientemente reformado este último para prever la comparecencia del Presidente del Gobierno para informar sobre un asunto determinado a petición propia o por acuerdo de la Junta de Portavoces del Senado, a petición de dos Grupos parlamentarios o de un quinto de senadores.

Este es el gran instituto de control en la actualidad, ya sea a petición del propio Gobierno o de los grupos que integran la oposición porque permite traer a un miembro del Gobierno a las comisiones y abordar, con carácter general o monográfico, el debe y haber del departamento y el propio titular, mientras que en el pleno, es el mismo Presidente del Gobierno quien se ha de "fajar" con la oposición en la dación de cuentas de su tarea y la defensa de sus propuestas; como quiera que en la actualidad todos estos debates se transmiten por internet y en ocasiones por los canales de TV, el efecto informativo a la ciudadanía esta asegurado y de ahí la eficacia de estas sesiones de comparecencias, tanto por el contenido del debate que revela la posición de cada sector político en un asunto, cuanto por lo que tienen de "teatralidad" en las expresiones de los parlamentarios y de los miembros del propio gobierno.

Cuestión distinta es la peculiar deriva de estos últimos tiempos que ha transformado este ágil mecanismo de control en múltiples ocasiones en una burda expresión de rechazo de la actuación del contrario, que ni es información, ni es control, ni llega a la ciudadanía mas que en forma de rechazo de esa manera de hacer política parlamentaria desde el acoso y derribo del oponente político. Sucede en diferentes ámbitos y claramente en el parlamento español que se percibe más que control una situación *schmittiana* amigo-enemigo, nada positiva, que los sujetos políticos deberían erradicar porque si bien a corto plazo puede hasta resultar algo productiva, a medio y largo plazo es demoledora y con efectos anti sistema.

Mención especial hay que hacer a las comisiones de investigación sobre cualquier asunto de interés público, como reza el art. 76 CE de la CE. Que pueden crearse en una u otra Cámara o conjuntamente, por los Plenos a propuesta del Gobierno, de la Mesa, de dos Grupos parlamentarios o un quinto de los diputados, conforme al art. 51 del RCD. O, en el Senado según el art 59 del RS, por el Pleno a propuesta del Gobierno o de 25 senadores de más de un GP.

Las comisiones de investigación parten de una regulación constitucional abierta aunque garantista porque establece la Constitución que se pueden crear sobre cualquier asunto de interés público y sus conclusiones no serán vinculantes para los tribunales, ni afectarán a las resoluciones judiciales, sin perjuicio de que el resultado de la investigación sea comunicado al Ministerio Fiscal para el ejercicio, cuando proceda, de las acciones oportunas, y de la obligación de comparecer ante las mismas a requerimiento de las Cámaras, disposición desarrollada por la LO 5/1984 de comparecencia ante las comisiones de investigación; y art 502 CP que tipifica un delito de desobediencia por la incomparecencia, así como el RDL 5/1994 en lo que atañe a la obligación de comunicación de la administración tributaria y de entidades financieras de determinados datos a requerimiento de esta clase de comisiones.

Pues bien desde aquí se ha transitado en la práctica de una regulación constitucional abierta a una práctica, sin duda conforme formalmente al texto de la Constitución, pero en la que puede observarse que la pretensión de constituir una comisión de este carácter no es ajena a la estricta lucha partidista, y por ello de interés particular, a veces más que a la investigación parlamentaria institucional sobre un asunto de interés público.

Por lo dicho cabe considerar que las comisiones de investigación, por la difícil línea de separación entre lo público, lo político y lo jurisdiccional, han devenido en algunos casos en puros instrumentos, arietes político partidistas, más allá de la finalidad de investigar un asunto de interés público, por la razón de que si esto último primara las peticiones de comparecencias o de documentación en esta clase de comisiones serían más universales y no especialmente de carácter partidista; además de que, en algunos casos se mueven en un ámbito pseudo jurisdiccional, en el borde de la estricta competencia de investigación política, como se desprende de la circunstancia de que sobre la misma o semejante cuestión se crea una comisión de investigación, se recrea y se vuelve a crear, con lo que o no se hizo el trabajo en su extensión o, de lo que se trata es de puro desgaste del adversario político, cuando no de buscar un "culpable", circunstancia ajena a la investigación parlamentaria, en tanto en cuanto es propia de la jurisdiccional.

Y hasta tal punto parece ser así que el propio TC salió al paso en STC 133/2018, de 13 de diciembre, que incidió en el derecho al honor de los comparecientes ante una comisión de investigación, señalando que las Cámaras "en el ejercicio de su actividad investigadora, ni les corresponde efectuar una calificación jurídica de los hechos investigados, ni llevar a cabo imputaciones o determinaciones personales sobre la autoría de hechos ilícitos... reservadas en nuestro ordenamiento a los órganos que tienen encomendado el ejercicio del *ius puniendi* del Estado" (STC 133/2018. F.J. 8).

Y, en la misma línea, en una posterior sentencia -STC 77/2023, de 20 de junio- el TC apunta hacia una posible vulneración del derecho a la presunción de inocencia por imputaciones de conductas ilícitas en sede de comisiones de investigación que "exceden del ámbito propio de la actividad parlamentaria, a la que no corresponde declarar la existencia de conductas punibles, ni la determinación de su autoría (con cita de la anterior STC 133/2018 F.J 8)... ni en consecuencia investigarlas"; circunstancia que la sentencia refiere tanto a las comparecencias como a las conclusiones de las comisiones de investigación.

Otra de las especies del género control es el denominado impulso parlamentario, aunque es ciertamente muy difícil distinguir entre control e impulso, es más, no es arriesgado sostener que en toda actuación parlamentaria, incluso por extraño que resulte, en la legislativa o en la presupuestaria, siempre hay un poso de control.

Pues bien, partiendo de esta base, hay algunos instrumentos parlamentarios que se sitúan cercanos al impulso político.

Este sería el caso de las llamadas PNLs -proposiciones no de ley- previstas en el art. 193 y ss. del RCD como propuestas de resolución a la Cámara, elemento que se presenta por los grupos y pueden debatirse y aprobarse en las comisiones o en el pleno, instrumento que es muy del gusto de los parlamentarios aunque su falta de sanción los deje puramente en pretensiones parlamentarias. Y las mociones en el Senado reguladas en los arts.

174 y ss. del RS cuya finalidad radica en que el Gobierno envíe un proyecto de ley o formule una declaración, o que la Cámara alta delibere o se pronuncie sobre una determinada tramitación.

Y, para terminar este sucinto repaso a las instituciones de impulso, una poco conocida pero utilísima, por lo que supone de conexión con la sociedad civil y de interactuación sociedad-parlamento, me refiero a las comisiones de estudio, hijas de los arts. 76 y 109 de la CE, que dan base constitucional a su existencia, como propia de asuntos de interés público y colaboración administrativa, y previstas en los Reglamentos del Congreso (arts. 51 y 53 RCD) como comisiones no permanentes; y en el RS como comisiones especiales (arts. 52 y 59).

Se trata de comisiones que actúan como órganos de estudio, de conocimiento y de participación societaria sobre muy diversos asuntos de interés público más cercanos a las preocupaciones sociales que a las netamente políticas, caso de la anorexia, bulimia, deportistas de elite, juventud, tercera edad, pobreza, mujer, agricultura de montaña, violencia en el deporte, educación, universidades, etc., la propia enumeración ya da idea sobre su finalidad.

Esta clase de comisiones (también subcomisiones en el Congreso, o ponencias de comisiones en una y otra Cámara) han sido generalmente constituidas en el Senado más que en el Congreso; en la Cámara alta ha habido casi una centena, a diferencia del Congreso que suele constituir más bien comisiones de investigación, y reitero que, a mi juicio, tienen la gran virtualidad de esa aproximación sociedad-parlamento de recíproca utilidad para ambos y operan como órganos de impulso parlamentario con eficacia.

Para concluir voy a hacer alguna observación sobre el asunto que tratamos. Como ya se ha dicho, la tentación del poder es actuar sin trabas, la tentación de la oposición es convertir en control y en crítica política todo lo que hace el detentador del poder. En esta dinámica, las normas, como en tantas otras circunstancias, delimitan lo que puede y no puede hacer el o los titulares de los poderes públicos y los titulares del papel de controlador en los parlamentos.

Así nuestra Constitución delimita tales competencias del controlador y el controlado, y el resto del ordenamiento jurídico desarrolla los institutos que forman parte de esta obligación sinalagmática pública, en mi opinión con acierto en el desarrollo de las normas constitucionales, reglamentos parlamentarios y el resto del ordenamiento jurídico que regulan tales materias.

Pero, como también se ha dicho, no todo es control en la relación entre Gobierno y oposición, hay otros elementos seguramente no tan llamativos, pero sí importantes, de entre los que he citado la fiducia o confianza entre poderes y órganos del Estado que va más allá en lo subjetivo de parlamento-gobierno, porque abarca la propia Jefatura del Estado -la Corona- muy vinculada en nuestra Constitución al parlamento; o el Poder Judicial -poco vinculado en nuestra Constitución al parlamento por su carácter independiente. Y con un grado intermedio en el caso de otros órganos constitucionales o de relevancia constitucional del Estado -caso del CGPJ, del Defensor del Pueblo, o del Tribunal de Cuentas, o del Tribunal Constitucional; todos ellos con fuerte vinculación subjetiva originaria al parlamento, quizás hasta demasiado fuerte; y digo originaria porque los titulares de estos órganos tienen en su designación o elección una clarísima intervención parlamentaria al menos en origen, si bien siempre he pensado que no así en el ejercicio de sus atribuciones en el que prima de forma clara la independencia.

Pero sí debe existir esa "confianza" entre poderes hasta en aquél del que la Constitución proclama su independencia; confianza como mutuo reconocimiento de su papel constitucional y de pertenencia a la gobernanza del Estado y de colaboración a este fin.

Además, existe la función informativa entre instituciones (por ej., art. 109 CE); y de la sociedad a sus instituciones (art. 9 CE), y de las instituciones a la sociedad (Ley de transparencia, acceso a la información y buen gobierno L.19/2013). Información que por lo que respecta al parlamento tiene carácter autónomo, e igualmente instrumental como fundamento del posible control posterior por parte de las Cámaras.

Junto a ello coexiste la función parlamentaria de impulso político, ciertamente difícil de distinguir en ocasiones de la función de control, pero que, sin duda, no es propiamente control, ya hemos visto como mociones, comisiones de estudio, las PNL, son elementos de impulso político dirigidos al Gobierno pero también a la sociedad, actúan como mensajes que manda la oposición parlamentaria al Gobierno y que envía a la sociedad porque a través de ello se puede conocer cuál sería la posición de la oposición en diversas materias; y del Gobierno a los demás componentes del parlamento y a misma sociedad.

Y, por último, el control como elemento necesario en todo sistema de organización política y de forma especial en el sistema parlamentario, en el que el gobierno emana del parlamento, y, además, es instrumento esencial para poner coto a las tentaciones desbordadas que suele manifestar el Ejecutivo.

Control que se expresa en el parlamento a través de prácticamente todas las competencias y funciones parlamentarias. Es una función horizontal más que vertical, por lo mismo que el poder, desde el gobierno tiende a colonizar muchas instituciones incluso desvirtuando su posición originaria, caso del uso de los decretos-leyes como instrumento normativo regular en la práctica, cuando en la teoría constitucional es extraordinario; o, en el terreno parlamentario, la información u oposición gubernamental a las proposiciones o a las enmiendas basándose en la cláusula de estabilidad presupuestaria.

Contamos con un sistema constitucional y un ordenamiento que, si bien a veces y de manera concreta requiere adaptaciones, actualizaciones, o salvar alguna antinomia (estoy pensando, por ejemplo, en el art 151.5 RCD que, en teoría permitiría tramitar por la Diputación Permanente como proyecto de ley por procedimiento de urgencia un decreto-ley convalidado, durante los periodos entre legislaturas), en términos generales funciona de manera regular y adecuada.

¿Qué nos impele pues a hablar de mejorar las instituciones?, ¿no será que más que hablar de mejorar las instituciones, en mi opinión bien diseñadas, convendría plantearnos cómo mejorar su funcionamiento?, y, si es así, ¿no se sitúa la cuestión en el terreno de los actores políticos?, que son los que actúan las instituciones. Luego, la pregunta que deberíamos hacernos sería: ¿partidos y políticos están desempeñando de modo correcto y adecuado sus atribuciones?; pero, mucho me temo que esa es otra parte de esta historia, una historia que se desarrolla más que en términos jurídicos, en el terreno de la ciencia política y la sociología y, aún más, de la ética política.

LA INSOPORTABLE LEVEDAD DEL PODER LEGISLATIVO

FRANCISCO JOSÉ CONTRERAS[*]

La decadencia del poder legislativo -su colonización o desplazamiento por el ejecutivo- es parte de un fenómeno más general de "decadencia de la ley" que lleva en marcha tres cuartos de siglo (ya en 1949 publicó Georges Ripert su famoso *Le déclin du Droit*)[1]. Lo característico de la era normativista-positivista que va desde el Código Napoleón hasta la Segunda Guerra Mundial había sido el encumbramiento de la ley positiva como fuente jurídica primaria y casi exclusiva, en detrimento de otras que habían sido importantes en épocas anteriores (la costumbre, las opiniones de los jurisconsultos, las sentencias judiciales...). Esta hegemonía de la ley entra en crisis a partir de mediados del siglo XX, sobre todo a causa del desarrollo del Estado del Bienestar, que multiplica las áreas de intervención del Estado en la sociedad, intervencionismo que requiere reglamentos muy

---

[*] Catedrático de Filosofía del Derecho en la Universidad de Sevilla

[1] Georges Ripert, *Le déclin du Droit*, Librairie Générale de Droit et de Jurisprudence, 1949.

técnicos y especializados que son producidos por el poder ejecutivo, no por el Parlamento.

La ley debe ser abstracta en el tipo de conducta regulado y general en sus sujetos activo y pasivo. La abstracción se ve erosionada por las *Massnahmegesetze*, las leyes-medida *ad hoc* características del Estado del Bienestar, que a menudo se refieren a sucesos únicos, no a pautas de conducta abstractas y repetidas en el tiempo. En cuanto a la generalidad de la ley, puede ser entendida, bien desde el ángulo del legislador (sujeto activo), bien desde el de los destinatarios de la norma (sujetos pasivos). En este segundo sentido, lo que se aprecia en los últimos tiempos es un deslizamiento desde las normas dirigidas a los ciudadanos en general a normas dirigidas a colectivos cada vez más específicos. Esta evolución está relacionada en parte con el triunfo de la *identity politics* (también conocida como "wokismo"), es decir, la forma de neomarxismo que sustituye la lucha de clases por la de sexos, razas y orientaciones sexuales; proliferan así los "derechos de las mujeres", "derechos de las personas LGTB", "derechos de las minorías étnicas", "derechos de las razas discriminadas" (esto último sobre todo en EE.UU., pero ya aterrizando también en Europa), etc. El wokismo está desacreditando la categoría benemérita de los derechos humanos mediante la adición de neoderechos que suponen la negación de los derechos clásicos, los verdaderos (derecho a la vida, negado por el "derecho al aborto"; igualdad ante la ley, negada por las medidas de "discriminación positiva", que es discriminación negativa para los colectivos no incluidos en ellas) y su conversión en instrumentos de propaganda, fragmentación y conflictualización social (hombres contra mujeres, blancos contra negros, heterosexuales contra LGTB)[2].

---

[2] Sobre el tema, vid. Francisco José Contreras, *Contra el totalitarismo blando*, Libros Libres, 2022.

En cuanto a la generalidad "desde el ángulo del legislador", se trataba de la atribución del poder legislativo a un Parlamento democráticamente elegido, y por tanto "general" en el sentido de que se estiman representados en él la totalidad de las ideologías, opiniones e intereses relevantes en la sociedad de que se trate, en contraste con la época de la monarquía absoluta, en la que las leyes eran, teóricamente, decretos reales (o sea, obra de un legislador unipersonal, no de un legislador "general"). Este tipo de generalidad la estamos perdiendo con la creciente interferencia del poder ejecutivo en la función legislativa, vía reglamentos y decretos-ley.

Por otra parte, en el siglo XIX liberal y positivista operaba un principio de "reserva de ley". Se entendía por tal, en primer lugar, la obligación de regular las materias jurídicas más importantes -y especialmente, los derechos y deberes de los ciudadanos- mediante normas que tuvieran rango de ley, y no con disposiciones de rango inferior. La ley, supuestamente, garantizaba por su mera existencia un mínimo de isonomía (la "moral interna al Derecho" de la que habló Lon Fuller)[3] en el tratamiento de esos asuntos; por otra parte, la intervención del Parlamento otorgaba a tales normas una legitimación democrática de representación de todos los intereses.

Ahora bien, el concepto de "reserva de ley" admitía también una segunda acepción, atinente al legislador. En aquellos tiempos se valoraba que el legislador fuese "reservado", es decir, sobrio en el uso de su capacidad legiferante. Sobre los Parlamentos decimonónicos sobrevolaba un imperativo implícito de "no recurrirás a la ley en vano". Se consideraba que las leyes debían ser escasas, breves, claras, abarcables. Huelga decir que esta austeridad legislativa voló por los aires a partir de mediados del

---

[3] Lon Fuller, *The Morality of Law*, Yale University Press, 1964.

siglo XX, de la mano del masivo intervencionismo socio-económico del Estado del Bienestar, al que se ha añadido en los últimos tiempos el activismo *woke* que pretende liberar de opresiones imaginarias a mujeres, homosexuales, etc., así como "salvar el planeta" de peligros también imaginarios. La "legislación motorizada" de los Estados contemporáneos ha alcanzado unas dimensiones que ponen en entredicho de hecho la publicidad y cognoscibilidad de las normas[4]. El Derecho posee ya una complejidad y prolijidad tales que su conocimiento detallado sólo está al alcance de los muy especialistas.

No es sólo la inteligibilidad de las normas lo que está en peligro: también está muy devaluada su majestad, su prestigio social. Mientras las leyes fueron pocas, estables y claras, tuvieron un aura sagrada; cuando pasaron a ser numerosísimas y constantemente cambiantes, han perdido autoridad moral. La hipertrofia legislativa es así paradójicamente compatible con lo que Pérez Luño llamó "hipostenia legislativa"[5].

Junto a estos fenómenos de hipertrofia, hiperespecialización y desprestigio de la ley, se viene dando también un proceso de suplantación del poder legislativo por el ejecutivo. Parte de ese proceso consiste en el desplazamiento de las leyes por reglamentos. Pero es que, incluso en el ámbito de las leyes aprobadas por el Parlamento, la iniciativa legislativa corresponde cada vez

---

[4] "Los juristas nos hallamos abrumados por el alambique de la aprobación de normas que no cesa de manar: al líquido de las ocurrencias normativas de los políticos se le aplica el calor del entusiasmo por llenar las páginas de los boletines para justificar la gestión de los ministros, y el resultado es que la máquina -el alambique- acaba expeliendo productos y más productos" (Francisco Sosa Wagner – Mercedes Fuertes, *Panfleto contra la trapacería política*, Triacastela, 2021, p. 42).

[5] Antonio E. Pérez Luño, *El desbordamiento de las fuentes del Derecho*, La Ley, 2011, p. 115 ss.

más al Gobierno; los proyectos de ley se cocinan en los Ministerios. La colonización del Parlamento por el Gobierno adopta las siguientes formas:

- El **abuso de la figura del decreto-ley**, prevista por el artículo 86.1 de la Constitución para circunstancias "de extraordinaria y urgente necesidad", pero convertida cada vez más en vía ordinaria de producción normativa: entre los años 2000 y 2015, los decretos-leyes representaron un 40% de la actividad legislativa; entre 2016 y octubre de 2021 se dictaron 126 decretos-leyes frente a sólo 69 leyes[6]. En el año 2020 se aprobaron once leyes y ¡39 decretos-leyes! Es cierto que ese año sí se dio una situación verdaderamente excepcional (la pandemia del Covid), pero el Gobierno aprovechó el río revuelto para aprobar decretos-leyes que no guardaban ninguna relación con lo sanitario.

- El **abuso de la proposición de ley** (que, a diferencia de los proyectos de ley, no requiere los informes previos del Consejo de Estado y otros órganos consultivos). Las proposiciones de ley del partido gobernante proceden en realidad del Gobierno: el grupo parlamentario es usado como un mero canal de tramitación.

- Las **"leyes ómnibus"**: paquetes normativos absolutamente heterogéneos, en los que el Gobierno desliza de matute contenidos que nada tienen que ver con el asunto oficial de la ley. Por ejemplo, en diciembre de 2022 el Gobierno intentó colar asuntos tan graves como la reforma de las leyes orgánicas del poder judicial y del Tribunal Constitucional en la proposición de ley relativa a la supresión del delito de sedición y la reforma del de malversación; el Tribunal Constitucional suspendió la

---

[6] Manuel Aragón, Francesc de Carreras et al., *España: Democracia menguante*, Fundación Colegio Libre de Eméritos, 2022, p. 54.

votación en el Senado. Pero, en otros casos, las leyes ómnibus han salido adelante: por ejemplo, el Decreto-Ley 7/2021 de 27 de abril, que regulaba materias tan variopintas como la prevención del blanqueo de capitales, las telecomunicaciones, el desplazamiento de trabajadores en la prestación de servicios transnacionales, la defensa de los consumidores...

- El aprovechamiento del **trámite de enmiendas** para, una vez más, deslizar contenidos normativos que nada tienen que ver con el asunto de la ley enmendada. Por ejemplo, en las enmiendas de la ley de derechos y bienestar de los animales se añadieron... ¡nuevas infracciones en la Ley de Transporte Terrestre (Ley 7/23)!

*

"Cuando el poder legislativo está unido al poder ejecutivo en la misma persona o en el mismo cuerpo, no hay libertad, porque se puede temer que el monarca o el Senado promulguen leyes tiránicas para hacerlas cumplir tiránicamente. [...] Todo estaría perdido si el mismo hombre o el mismo cuerpo de personas principales, de los nobles o del pueblo, ejerciera los tres poderes"[7]. Tal fue la advertencia de Montesquieu en *El espíritu de las leyes*. En la España actual, la suplantación del legislativo por el ejecutivo se ve acompañada por la no menos inquietante colonización del poder judicial por el ejecutivo. Todo ello se está haciendo en nombre de la "democracia" -entendida como la mitad de los votos más uno- y de la demonización de la derecha. Si sumamos a ello el cesarismo en los partidos[8] -y, sobre todo,

---

[7] Barón de Montesquieu, *Del espíritu de las leyes*, XI, 6, Tecnos, 1987 [1748], p. 107.

[8] "En España es evidente que **no existe un poder legislativo independiente**. Las decisiones las toman las cúpulas de los partidos políticos, trasladándolas al Parlamento a través de la disciplina de voto. Los diputados se han convertido en unos aprieta-botones que votan según el dictado del jefe

en el partido gobernante- la conclusión es que podemos estar más cerca de la tiranía de lo que nos gustaría admitir.

---

de su grupo, a menudo sin saber realmente lo que votan. Tampoco se cumple el principio de representación porque el elector no puede elegir a un representante individual sino validar listas cerradas, elaboradas por las direcciones de los partidos" (Javier Benegas, "Por un pueblo verdaderamente soberano", *The Objective*, 2 enero 2024 [https://theobjective.com/elsubjetivo/opinion/2024-01-02/pueblo-soberano-partitocracia/]).

EL DETERIORO DE LA FUNCIÓN LEGISLATIVA

Luis María Cazorla Prieto[*]

Introducción

A. El análisis de un tema tan amplio como el deterioro de la función legislativa requiere algunas consideraciones previas de carácter metodológico.

Podemos acogernos al método tópico y estudiar todos aquellos mecanismos específicos que conducen a la, para mí, realidad parlamentaria que anuncia el título de este trabajo. Esto nos conduciría a levantar el vuelo y razonar muy a ras del suelo, a lo que habría que unir una referencia a cada institución parlamentaria, sean las Cortes Generales o los Parlamentos autonómicos.

Sin embargo, me parece más acertado alzar el vuelo para adentrarnos en las causas de naturaleza general que han dado pie al deterioro de la función legislativa dentro del sistema parlamentario español, con la mirada puesta especialmente en el Congreso de los Diputados.

[*] Catedrático de Derecho Financiero y Tributario. Abogado del Estado. Letrado de las Cortes. Académico de Numero de la Real Academia de Jurisprudencia y Legislación de España

Lo que sigue a continuación responde a este planteamiento, sin perjuicio de que en la última parte haga alguna referencia a mecanismos concretos del procedimiento parlamentario que contribuyen al deterioro que nos ocupa.

B. Como ha escrito Manuel Freijó: «Se habla del alma de las personas, de los pueblos, de los animales, de los ríos, de las montañas, de las obras de arte. Todo lo que tiene vida tiene alma»[1].

Así estirando este concepto, podemos preguntarnos cuál es el alma de la Constitución de 1978, entendida como el aliento político-intelectual más profundo y denso que anima a dicho cuerpo constitucional.

Admito que el alma del texto constitucional vigente es plurimórfica, pero, aun así, es cierto que una de sus vertientes fundamentales es la parlamentaria. La proclamación de que «España se constituye en un Estado social y democrático de Derecho», la constancia de que un valor superior de nuestro ordenamiento es el pluralismo político y la proclamación de la monarquía parlamentaria como fórmula política del Estado español, todo ello contenido en el artículo y de la Constitución, desembocan en la centralidad del Parlamento.

Así pues, uno de los pilares fundamentales de nuestra Constitución es la centralidad o primacía política de las Cortes Generales, como pormenorizan sus artículos 66 y siguientes.

A su vez, uno de los ejes capitales de la centralidad parlamentaria es la función legislativa. Reconozco desde las primeras líneas que el ejercicio de esta trascendental tarea ha sufrido desde 1978 los efectos de lo que he llamado oscilante

---

[1] M. Freijó, «¿Adiós al alma?», *El País*, viernes, 14 de abril de 2017, página 11.

centralidad del Congreso de los Diputados[2], extensible a las Cortes Generales. Sin embargo, en los últimos años más que una oscilación, el ejercicio de aquélla ha sufrido un predominante movimiento hacia un lado: el de su deterioro.

Precisado el método al que me voy a acoger, procedo, con arreglo a lo apuntado, a exponer las, a mi juicio, causas generales y cimentales del deterioro de la función legislativa, para, en último término y con gran brevedad, esbozar las causas específicas o concretas que se entroncan con las generales y arrastran al deterioro aludido.

Causas generales de deterioro de la función legislativa

El rampante desprecio al Derecho

Sitúo en primera línea de las causas generales del deterioro de la función legislativa un fenómeno que cada vez me preocupa más: el rampante desprecio al Derecho que vivimos en nuestros días.

Repaso a continuación varias de las desacertadas opiniones en las que se asienta este fenómeno y adelanto lo que me parecen. Los juristas son, salvo contadas excepciones, conservadores y reacios al cambio, cuando hay de todo y lo que verdaderamente repugna a la mentalidad jurídica no es el progreso sino el caos y el desorden, sobre todo en la forma de conseguir objetivos por innovadores que sean. El Derecho es siempre un

---

2 L. Mª. Cazorla Prieto, *La oscilante centralidad del Congreso de los Diputados bajo la Constitución de 1978, España constitucional (1978-2018): trayectorias y perspectivas*, Centro de Estudios Políticos y Constitucionales. Ministerio de la Presidencia, Vol. 4, 2018, págs. 3333-3346.

obstáculo, un impedimento en el camino para el logro de metas políticas progresistas, por lo que es preciso relegar o reducir a su mínima expresión las exigencias jurídicas, cuando su respeto es la mejor garantía del buen fin de lo que se pretenda con independencia de su alcance. No es fundamental tener en cuenta ni hay que exagerar previsibles e incluso anunciados efectos negativos de una defectuosa elaboración o ejecución de la norma jurídica, cuando tal proceder está creando en estas fechas situaciones radicalmente opuestas a lo querido. El Derecho no es más que un andamiaje o una apariencia formal que ni alberga valores ni es un instrumento eficaz para su logro, cuando está muy superado hoy por el entendimiento principal y axiológico que impone la Constitución. Frente a la voluntad política democráticamente expresada que no tiene límites el Derecho entraña indeseables cortapisas a su alcance, cuando es el cauce para conseguir avances socio-económicos perdurables.

Esta forma de ver las cosas produce un efecto demoledor en la función legislativa y contribuye poderosamente a su deterioro. Los juristas pierden importancia o incluso son relegados en esta tarea. Las exigencias de un ordenamiento jurídico debidamente articulado son olvidadas o incluso despreciadas. La técnica legislativa y el hacer bien las leyes son depreciados o arrinconados. Los elementos del procedimiento legislativo que favorecen el ejercicio correcto de la función legislativa son vadeados o transformados en algo meramente formal y se desconocen la sustancia y los fines a los que sirven.

El avance del populismo legislativo

Las olas del populismo van llegando al ejercicio de la función legislativa. Entre otras características, este fenómeno pone la voluntad política de la mayoría parlamentaria por encima de las reglas jurídicas que regulan el cauce para elaborar las leyes y preservar las garantías de las minorías.

El populismo jurídico, además, es muy reacio a la alteridad o, dicho de otra manera, a tener en cuenta, a sopesar al menos, intereses y puntos de vista diferentes de los que el mismo ampara[3].

La pérdida de la primacía política del Congreso de los Diputados

Ponía sobre la mesa líneas atrás que la Constitución de 1978 consagra la supremacía de las Cortes Generales como corazón político de todo el sistema de gobierno que cobija.

También apuntaba en las líneas iniciales y ahora reitero como una de las principales causas del deterioro de la función legislativa que el Congreso de los Diputados, después de una larga etapa en la que su centralidad política ha sido oscilante, ha entrado en otra en la que su supremacía ha quedado oscurecida. En efecto, «nuestra forma parlamentaria de gobierno está, y no exageramos, en una situación de franca decadencia. Muchos factores han contribuido a ello. Entre otros… un gobierno de coalición muy heterogéneo, que incluye a una parte cuyas pretensiones chocan, en ciertas ocasiones, con el deber de lealtad a las instituciones constitucionales»[4].

---

[3] He expuesto estas ideas con más detalle en el artículo «El rampante desprecio al Derecho», Tercera, *ABC* del 17 de julio de 2023.

[4] Manuel Aragón, Francesc de Carreras, Juan Díez Nicolás, Tomás Ramón Fernández, José Luis García Delgado, Emilio Lamo de Espinosa, Araceli Mangas, Francisco Sosa Wagner, Gabriel Tortellá, *España democracia menguante*, Fundación Colegio Libre de Eméritos, Madrid, 2022, página 59.

La función legislativa en manos del Gobierno

Con la pérdida de la supremacía política del Congreso de los Diputados se corresponde el acelerado paso de la función legislativa a manos del Gobierno.

Son varias las manifestaciones de este desafortunado cambio. Quizá la más llamativa sea la proliferación del decreto-ley, aunque no es la única. «El Gobierno -sustituyendo indebidamente a las Cortes Generales- se ha convertido en el auténtico legislador por el uso abusivo de los decretos-leyes, que han pasado, progresivamente, a ser el modo ordinario de legislar. Las cifras son llamativas: entre los años 2000 y 2015 el promedio de los decretos-leyes alcanzó el 40 por 100 de la actividad legisladora; desde 2016 hasta octubre de 2021 se dictaron 216 decretos-leyes frente a solo 69 leyes... Desde entonces hasta ahora los decretos-leyes suponen ya el 70 por 100. Pese a que la Constitución atribuye (art. 66.2) la potestad legislativa a las Cortes Generales y solo de forma excepcional al Gobierno mediante decretos-leyes (art. 86.1), la excepción se ha convertido en regla, de manera que el poder ejecutivo ha suplantado de manera prácticamente total al poder legislativo»[5].

Por este abusivo camino, uno de los factores que el adecuado ejercicio de la función legislativa reclama sufre hasta el extremo. La publicidad, transparencia, posibilidad de integración de intereses y existencia de mecanismos de mejora técnica que caracterizan a un proyecto de ley tramitado debidamente desaparecen casi por completo y todo queda reducido a un debate en el Pleno de la Cámara en el que, además de la intervención oral, la participación de los diputados se reduce a votar, sin posibilidad ninguna de presentar enmiendas.

---

[5] *España democracia menguante*, op. cit., página 56.

Otro cauce del deterioro acelerado de la función legislativa ha sido la utilización inadecuada y abusiva de las proposiciones de ley, cauce por el que ciertos grupos parlamentarios han ejercido la iniciativa legislativa para abordar materias tan propias de la iniciativa del Gobierno, es decir, tan propias del proyecto de ley, como son las penales y la creación de tributos.

Por este camino la información previa, la participación de órganos consultivos en la preparación del proyecto de ley, y de los ciudadanos y grupos de interés a través de las preceptivas audiencias públicas desaparecen con el empobrecimiento que se deriva de ello para el ejercicio correcto de la función legislativa.

Un paso más del lamentable deterioro de la función legislativa que se ha abierto camino con fuerza es la presentación de enmiendas a proposiciones de ley creando incluso tributos, como el vulgarmente conocido como impuesto sobre las llamadas grandes fortunas, que limitan la capacidad de los diputados pertenecientes a grupos distintos al proponente de presentar enmiendas, lo que vulnera crasamente el ejercicio en plenitud de sus funciones legislativas.

En los dos últimos supuestos, lo que hay detrás de iniciativas legislativas encauzadas de esta manera es, entre otros extremos, un mecanismo para que la función legislativa caiga aún más en manos del Gobierno. En efecto, los grupos parlamentarios no están preparados técnicamente para articular por la vía de la proposición de ley la aprobación de normas tan complejas como los de naturaleza penal y tributaria. Quien está detrás de la proposición de ley es formalmente el grupo parlamentario y materialmente el Gobierno, más en concreto el departamento ministerial concernido.

De esta manera el Gobierno se libera de trabas y requisitos para ejercer el impulso legislativo con detrimento de la función legislativa del Congreso de los Diputados debidamente desarrollada, del ejercicio de sus derechos por ciertos diputados y de la calidad técnico-jurídica de las leyes.

La creciente falta de preparación y especialización técnica de los diputados

Las características personales de los diputados han sufrido una notable transformación desde la legislatura constituyente, algo que hoy puede afirmarse con respecto a todos los grupos parlamentarios salvo excepciones.

La llegada a la Cámara de parlamentarios con predominantemente carrera política y con menos capacitación técnica y experiencia profesional que en etapas ya lejanas es una constante predicable de la composición actual del Congreso de los Diputados.

En paralelo a este proceso atinente a las características personales reinantes, se ha desarrollado una enorme proliferación normativa acompañada de una gran complejidad técnica.

La combinación de estos extremos desemboca en una situación que favorece notablemente el deterioro de la función legislativa. Nos hallamos ante un aluvión normativo de creciente complejidad técnica y, por otra, ante un decrecimiento de la especialización y capacidad técnica de los legisladores.

Esto, a su vez, redunda en el vaciamiento de la sustancia de la función legislativa. El diputado individualmente considerado y el grupo parlamentario al que pertenece, como no tienen la suficiente capacidad técnica para abordar la tarea legislativa con las debidas condiciones de información y conocimiento, quedan en manos de los que ocupan cargos en el Gobierno y de sus técnicos. Con ello la participación del parlamentario y de la

Cámara en el ejercicio de la función legislativa queda inexorablemente capitidisminuida y con tendencia acusada a convertirse en un proceso de estampillado formal y no de elaboración sustancial de una norma de naturaleza legislativa.

El deterioro del espíritu y del estilo parlamentarios

El espíritu y el estilo son componentes esenciales del alma parlamentaria. Son exigibles a toda institución de esta naturaleza que aspire a desempeñar adecuadamente sus cruciales funciones.

Un determinado espíritu debe impregnar la actividad parlamentaria y rodear todo lo que se haga en la Cámara y a los que lo hagan, aunque no se corporeice en textos políticos o jurídicos.

El espíritu, en suma, es la sustancia del alma parlamentaria y en su versión buena impide interpretaciones de las normas reglamentarias meramente formales o abusivas que choquen con la representatividad, la transparencia, la publicidad y la participación de todos los miembros de la Cámara en las tareas parlamentarias.

A su vez, el estilo es el complemento del espíritu y ambos son piezas básicas del alma parlamentaria. El buen estilo parlamentario va mucho más allá de lo que una norma escrita pueda decir. Debe empapar las relaciones entre diputados individualmente considerados como integrantes de un grupo y, por encima de que se plasme o no en regla escrita, se debe respirar en la Cámara y presidir estas relaciones. El buen estilo parlamentario impone que, por hondas e insalvables que puedan ser las diferencias políticas, se manifiesten con el debido decoro y respeto hacia el rival. Los insultos, los gestos despreciativos, el estruendoso grito descalificador, las faltas de respeto, por poner solo algunos de los muchos ejemplos posibles dañan gravemente el estilo que reclama la buena salud del alma de la Cámara. El buen estilo va mucho más allá de la mera cortesía, conforma el caparazón del espíritu parlamentario, guarda una estrecha conexión con éste y ayuda mucho al buen funcionamiento de la Cámara y, a la postre, a la salud democrática de nuestro sistema político.

El alma del Congreso de los Diputados está enferma por el deterioro que aqueja a su espíritu y por el deficiente estilo parlamentario que predomina en él. El fenómeno viene desgraciadamente de lejos, y, en mayor o menor medida, son muchos y variados los causantes, aunque, como ya he apuntado, se ha acentuado en la última legislatura. Todo esto ha contribuido al desprestigio de los diputados individualmente considerados y de la Cámara como institución, y, a la postre, del sistema democrático.

Causas más concretas del deterioro de la función legislativa

Planteamiento

He abordado en las líneas precedentes lo que, a mi juicio, constituyen las causas generales del deterioro rampante de la función legislativa.

Doy ahora un paso más y apunto algunas de las causas concretas que contribuyen a fenómeno tan negativo.

Hago la advertencia inicial de que cada una de ellas merece un tratamiento singular, pero para no excederme de los límites razonables de este trabajo, me limito a señalar las causas específicas más importantes, que, según mi parecer, contribuyen al deterioro notable de la función legislativa que padecemos.

La disminución del papel de las Ponencias

Entiéndase la desaparición de las Ponencias en sentido material, en el sentido del trabajo que están llamadas a desarrollar, no como la desaparición formal, en el papel, en el Reglamento, que con tal alcance este órgano parlamentario pervive.

La función de las Ponencias en el procedimiento legislativo es crucial. Es un órgano de estudio y mejora técnica, de negociación y preparación de acuerdos políticos.

En los años que siguieron a la aprobación de la Constitución de 1978 la regla general fue el intenso papel que las Ponencias desarrollaban. Las Ponencias se prolongaban en ocasiones hasta meses y se adentraban en un concienzudo y pormenorizado estudio del proyecto o proposición correspondiente. En aquella ya lejana etapa era frecuente que las propuestas que formulaban los Ponentes a la Comisión para su debate y, en su caso, aprobación, incorporaran cambios importantes con respecto al texto legislativo inicial. Son numerosos los ejemplos, muchos de los vividos personalmente, pero prefiero traer a colación las afirmaciones de una persona de tan intensa vida parlamentaria como Virgilio Zapatero. Se refiere al proyecto de ley que acabó introduciendo el divorcio en nuestro ordenamiento jurídico «Fue una ponencia -escribe Virgilio Zapatero- que trabajó intensa y amigablemente en la que destacó desde el principio José Antonio Escartín por su preparación y lealtad con el programa electoral de UCD, así como por su disposición al diálogo»[6].

Frente a esto, la realidad actual es totalmente distinta. Afirmo con el respaldo de la experiencia vivida personalmente en los últimos años que el papel de la Ponencia y el pertinente

---

[6] V. Zapatero Gómez, *Aquel PSOE*, Almuzara, 2023, página 159.

informe están tendiendo a convertirse en algo prácticamente formal. En estos trámites, sin estudio ni debate y en un tiempo sumamente apretado, todo se reduce a que el grupo que gobierna la mayoría parlamentaria anuncie enmiendas que va a aprobar o las transaccionales que proyecta presentar.

De esta manera la fase del proyecto de ley de predominante estudio y negociación fuera de los focos mediáticos tiende a ser muy reducida como regla general con excepciones a la mínima expresión en desdoro del correcto ejercicio de la función legislativa.

El abuso de la lectura única

El artículo 150.1 del Reglamento del Congreso de los Diputados admite que la Mesa, oída la Junta de Portavoces, acuerde que un proyecto de ley o proposición de ley «se tramite directamente y en lectura única» «cuando la naturaleza del proyecto de ley o de la proposición de ley tomada en consideración lo aconsejen o su simplicidad de formulación lo permita».

La tramitación en lectura única con la reducción de fases parlamentarias que entraña y la aceleración que impone favorece que las fases de reflexión y estudio técnico de las normas en trámite desaparezcan o queden muy reducidas.

El deterioro de la función legislativa en este caso viene de la mano de la utilización de una vía solo pensada para los supuestos en los que concurra simplicidad o su naturaleza lo aconseje para otros en los que estos requisitos no se den. Todo ello con el cercenamiento de las posibilidades de todo diputado de participar plenamente en el proceso legislativo, que en este caso quedan muy apocadas.

La competencia legislativa plena de las Comisiones

El artículo 148.1 del Reglamento del Congreso de los Diputados consagra la presunción de acuerdo del Pleno para delegar la competencia legislativa plena en las Comisiones.

La pauta general es la competencia legislativa plena de las Comisiones, que solo puede quedar sin efecto si el Pleno de la Cámara recaba el proyecto de ley o de proposición de ley para su deliberación y votación final, según el artículo 149.1 de dicho Reglamento.

Esta práctica ha traído consigo un notable detrimento de la publicidad, transparencia e integración de intereses propia de la función legislativa y a su deterioro, en suma, al agotarse el procedimiento legislativo en la Comisión, sin perjuicio de la intervención inicial del Pleno en el conocimiento de las enmiendas de totalidad y en la toma en consideración de las proposiciones de ley.

El contenido abusivo y desproporcionado de las Leyes de Presupuestos

A pesar de los esfuerzos del Tribunal Constitucional de ceñir el contenido de la Ley de Presupuestos a materias que, al margen de la aprobación del gasto y previsión de ingresos, «guardan relación directa con el programa de ingresos y gastos o con los criterios de política económica en que se sustentan», el objeto de la Ley de Presupuestos se ha expandido desproporcionado y abusivamente hasta contribuir decisivamente al batiburrillo desordenado propio del ordenamiento jurídico actual.

La desaparición de las llamadas leyes de acompañamiento presupuestario[7] no ha mejorado la situación, y ha tenido como contrapartida negativa ampliar el abanico de materias comprendidas en las Leyes de Presupuestos Generales del Estado.

La tramitación subsiguiente de los decretos-ley como proyectos de ley

Como señala el artículo 151.4 del Reglamento del Congreso de los Diputados, el Pleno de la Cámara puede acordar que, convalidado un decreto-ley, se tramite como proyecto de ley «por el procedimiento de urgencia».

La tramitación como proyecto de ley puede propiciar que el contenido del decreto-ley inicial mejore técnica y políticamente.

La realidad demuestra que es relativamente frecuente que la tramitación de estos proyectos de ley quede arrumbada, sin que el Gobierno de turno y el grupo o grupos parlamentarios que lo apoyan tenga ninguna prisa, pues ya cuenta con la entrada en vigor del decreto-ley, que no suelen estar interesados en que sea modificado.

Conclusión: ¿el deterioro de la función legislativa es irreversible?

Lo expuesto hasta aquí constituye una relación abreviada y muy a juicio de quien escribe del deterioro de la función legislativa.

---

7 Sobre esta forma de legislar tan perniciosa para el ejercicio correcto de la función legislativa he escrito en las llamadas leyes de acompañamiento presupuestario. Sus problemas de constitucionalidad, Instituto de Estudios Fiscales-Marcial Pons, Madrid, 1998.

La pregunta que asalta a continuación es si tal deterioro es irreversible o puede enderezarse.

La trascendencia que tiene la respuesta a esta pregunta es enorme. Aunque con altibajos, un sistema parlamentario sano, del que es pieza fundamental una función legislativa no deteriorada, es una pieza fundamental de un sistema democrático. La calidad de éste depende en gran medida del adecuado funcionamiento de la institución parlamentaria y, por ende, del correcto ejercicio de la función legislativa.

El ejercicio de la función legislativa en el Congreso de los Diputados ha sufrido un acusado deterioro en las últimas legislaturas, con acentuación en la última. Debe frenarse este proceso. De no ser así, se estará contribuyendo destacadamente al vaciamiento de nuestro sistema democrático, que habría subido un escalón importante de sistema democrático sustantivo a otro meramente formal.

¿Qué medidas se pueden tomar para detener el deterioro de la función legislativa y para mejorar la situación actual?

Ante todo, debe fortalecerse el sano espíritu parlamentario entre los líderes parlamentarios. El sano espíritu parlamentario exige respeto en forma y sustancia al rival político, aunque se discrepe radicalmente. El sano espíritu parlamentario reclama también que las interpretaciones de las normas, singularmente las parlamentarias, no sea meramente formales, abusivas o cercenadoras de la transparencia, publicidad y derecho de todo parlamentario a participar debidamente en el proceso legislativo. Reconozco que estas afirmaciones pueden pecar de cándidas o ingenuas en el panorama que reina actualmente en el Congreso de los Diputados, pero esto no debe impedir alzar la voz o la pluma ante un ejercicio de la función legislativa que daña seriamente a los cimientos del sistema democrático y a una de las esencias de la institución parlamentaria.

Mejoras técnicas hay, además, que contribuirían a mejorar el ejercicio de la función legislativa. Me limito a enunciar alguna de ellas: impedir que la vía de la proposición de ley invada el terreno del proyecto de ley y exigir que, en todo caso, aquélla vaya acompañada de la intervención de los órganos consultivos a los que hay que acudir en la elaboración de un proyecto de ley; invertir la regla general de competencia legislativa plena de las Comisiones; delimitar con más precisión y exigencia los supuestos en los que cabe la tramitación legislativa por la vía de la lectura única, establecer un breve plazo perentorio para la aprobación de los proyectos de ley emanados de decretos-leyes previamente convalidados y revitalizar el trámite de Ponencia, entre otras medidas.

Junto a ello, es muy deseable que la jurisprudencia del Tribunal Constitucional sea más exigente y menos laxa en la delimitación de la «extraordinaria y urgente necesidad» como base del decreto-ley que ponga coto al descomunal y malsano desarrollo de esta vía de aprobar normas con rango de ley. No menos importante es que dicha jurisprudencia revise y endurezca los límites del contenido de las Leyes de Presupuestos Generales del Estado para evitar la sangría legislativa desbocada que padece todos los años nuestro ordenamiento jurídico.

SEGUNDA PARTE:

PODER JUDICIAL
FRENTE A PODER EJECUTIVO

¿JUECES CRÍTICOS O INGENIEROS SOCIALES?

*ANDRÉS OLLERO**

Al abordar la interpretación de las normas jurídicas, la alusión al criterio *sociológico* se ha convertido en tópico obligado. Ello nos invita a ocupamos de la relación entre el derecho (incluido su manejo racional, más o menos científico) y la sociología, así como las alusiones a la *realidad social* como ingrediente hermenéutico; cuestiones todas ellas que hemos tenido ocasión de tratar con mayor amplitud[1].

Obedezcamos a la realidad social para dominarla

La primera exigencia sería enfrentamos a un objeto real. Hay que evitar que el culto idolátrico a prejuicios inconscientemente asumidos nos lo desfiguren. Ello obliga a ponerse en guardia respecto al influjo de la propia tribu. La ciencia social va a nacer así marcada por la *crítica de la ideología*. Se desconfía ante la

* De la Real Academia de Ciencias Morales y Políticas

1 En *El derecho en teoría*, Cizur Menor, Thomson-Aranzadi, 2007, págs. 77-94.

posibilidad de que los intereses en juego puedan nublar el conocimiento racional de la realidad.

Se aspira a contar con una razón purificada de prejuicios.

Subyace, inconfesadamente, una filosofía «progresista» de la historia, que no ve en la herencia del pasado sino una perturbadora irracionalidad. Ello llevará a Bacon a precavernos de los "ídolos de la caverna" surgidos de "la educación y comercio con otros, o a consecuencia de la lectura de libros o de la autoridad de aquéllos que cada uno respeta y admira"[2]. Pero de poco serviría enfrentarnos a un objeto real, con una razón desembarazada de prejuicios, si el lenguaje en el que plasmamos el resultado de nuestro esfuerzo lo desvirtúa o confunde. Ciencia y análisis del lenguaje deberán darse la mano. La razón humana, subyugada por tanto ídolo, se habría mostrado particularmente incapaz de dominar esa realidad social a la que el derecho pertenecería. De ahí la indisimulada condena de la previa filosofía social y jurídica, que habría de verse, por fin, sustituida por una ciencia racional.

Ciencia social, crítica de la ideología y análisis del lenguaje se convierten en compañeros de viaje, a la búsqueda de un objeto real fruto de un conocimiento empírico. No se trata sólo de lograr la elaboración teórica de una ciencia del derecho, que otorgue a sus cultivadores patente de racionalidad desmarcándolos de la alquimia o la superchería. El intento es más ambicioso: se trata de que la actividad jurídica misma se convierta en científica y técnica, lo que obligaría a sustituir al torpe repetidor de tópicos, ensartados con palabras de incierto alcance, por un riguroso y fiable ingeniero social.

---

[2] Francis BACON, *Novum Organun*, Aforismo XLII del libro 1º (Buenos Aires, Losada, 1961 (2.ª), pág. 85).

Se da por hecho que el gremio no se prestará a colaborar.

"Pienso luego existo fue el argumento de Descartes, existo luego no tengo necesidad de pensar es el argumento de los juristas"; al menos así lo ve Bentham, que no parece muy dispuesto a mirar hacia otro lado: "A la gloriosa incertidumbre de la ley ha sido durante mucho tiempo el brindis de los abogados ingleses". Como los abogados ven peligrar su continuidad en el oficio, siempre que algunos aspiraron a algún progreso "los letrados fueron en general los mayores enemigos suyos; moviéndolos incesantemente su particular a oponerse al establecimiento de un sistema claro y preciso, uniforme y cierto, por la misma razón que los obreros se oponen a la invención de las máquinas que abrevian el trabajo, y hacen menos caras las manos»[3].

Los juristas no parecen tampoco para Comte un colectivo reciclable. No tendría, para él, mucho sentido esperar que quienes de la mano de la *metafísica* embaucaron a la sociedad, se conviertan a una *física social* capaz de hacerla progresar. Juristas y metafísicos, que se habrían repartido el poder durante esa oscura época de transición entre la mitología y la ciencia positiva, constituyen inevitablemente especies a extinguir. La sociedad industrial exigiría un nuevo tipo de jurista; bien distinto del oportunismo del legista o de la frívola elocuencia del *abogado*. Junto al arquetípico científico del futuro -el filósofo positivo- surge un nuevo ciudadano paradigmático: el *ingeniero*[4].

---

[3] Jeremy BENTHAM, *Tratados sobre la organización judicial y la codificación*, Sección sexta, Madrid, Establecimiento Central, 1843, pág. 103, y *Tratado de los sofismas políticos*, París, Smith, 1824, t. I, 3, págs. 45-46.

[4] Auguste COMTE, *Cours de philosophie positive* lecc. 55, París, Anthropos, 1969, t. V, pág. 447; *Systéme de politique positive ou Traité de Sociologie*, Apéndice general, 3ª parte, t. X, pág. 70.

Por lo que se ve, el primer contacto entre *derecho y sociología*, cuando esta aún se halla en la cuna, dista de ser idílico. El derecho habría venido siendo un fenómeno social metafísico e individualista, propio de un estadio de civilización transitorio. Los juristas se habrían limitado a cumplir históricamente una efímera tarea de puente entre el mundo de la vieja metafísica y el del naciente progreso científico.

La querencia normativa de la sociología: Teoría y crítica social

El afán por regir la realidad social sin molestarse antes en conocerla racionalmente cerraba toda posibilidad de avance. Hacía falta, en consecuencia, un saber fundamentalmente descriptivo, que nos brindara las claves de la realidad social tal cual es. Sólo esto permitiría una inteligente reelaboración de su dinámica propia, capaz de hacerla progresar.

Este punto de partida tropezará con una doble fuente de críticas. Si la realidad social, por radicalmente injusta, fuera inviable como punto de partida, qué sentido podría tener perder el tiempo en describirla. Más que describir racionalmente sus irracionalidades habría que aprestarse a desmontarlas con urgencia. La *crítica de la ideología* se traslada a la sociedad misma, sin limitarse a cuestionar los modelos empleados basta ahora para conocerla.

La Escuela de Frankfurt, heredera de este reto, opondrá a la complicidad contemplativa del positivismo una ciencia social entendida como *teoría crítica*. A juicio del Habermas de aquellos años, sus conocimientos habrían de verse dirigidos por un decidido *interés emancipador* [5]. La sociología positivista descriptiva

---

5 Jürgen HABERMAS *Erkenntnis und Interesse* Frankfurt, Suhrkamp, 1968, pág. 261.

habría de ceder el paso a una ciencia social indisimuladamente normativa, que no dejará de repercutir sobre el papel que en la sociedad deba cumplir el Derecho. Más que seguir aspirando a ejercer una función conformadora de la sociedad, será el modelo social perseguido el que reforme al derecho, haciéndolo actuar en función de su logro. La pasiva descripción de la sociología positivista no haría sino perpetuar, legitimándolo implícitamente, el derecho positivo en vigor. A ello habría venido colaborando el positivismo jurídico, diseñando unos modelos de interpretación destinados a mecanizar técnicamente la aplicación de sus normas. Se garantizaba así que el anhelo de dominación política no se viera desvirtuado.

La teoría crítica de la sociedad descubre el juego *ideológicamente* falseador que cumplen las formas jurídicas, sólo útiles para dar apariencia de legitimidad a la explotación del proletario. Reclama en consecuencia el concurso de una praxis jurídica más preocupada por transformar las normas jurídicas que por interpretarlas. Aprovechará para ello el obvio margen de discrecionalidad que aquellos mecanismos, supuestamente técnicos, encubrían. El nuevo saber jurídico, fruto de la ciencia social emancipadora, adiestrará al jurista en un *uso alternativo del derecho* [6] capaz de utilizar en beneficio de los explotados lo que venía siendo instrumental de dominación de los explotadores. Ello serviría como vía provisional, a la espera de una sociedad ya libre de dominación en la que tanto el derecho como el Estado, perdida ya toda finalidad, terminarán por resultar superfluos.

La teoría crítica como ciencia social encontrará su principal aliado en un *juez crítico* capaz de elegir, entre las diversas

---

[6] Por aquellos años: N.M. LÓPEZ CALERA, M. SAAVEDRA y P. ANDRÉS IBÁÑEZ, *Sobre el uso alternativo del Derecho* Valencia. Fernando Torres, 1978.

posibilidades de concretización del Derecho, la más favorable a la emancipación. El derecho no tendrá ya por finalidad hacer una justicia vocacionalmente ideológica y tergiversadora, sino eliminar las más obvias injusticias, a duras penas disimuladas bajo la faramalla formalista de la liturgia jurídica.

Ciencia social y filosofía de la historia se estrechan indisolublemente en este empeño. Se hace pues inviable la tópica invitación a tomar del marxismo sólo el método, como si fuera separable del recorrido práctico prefijado por su *filosofía de la historia*. No se trata ya, como en Comte, de liberarnos reformistamente de la ignorancia para llegar al saber científico-positivo, sino de emancipar de la esclavitud a los expropiados, liberándolos de toda propiedad. No es concebible otro *método marxista* que ver la realidad con las gafas filosófico-históricas del materialismo dialéctico.

El marxismo entendía la teoría como praxis, como verdad por hacer. Merleau-Ponty dará su propia versión: "la verdad, el todo, están allí desde el principio, pero como tarea a cumplir, y por tanto no están aún allí" [7]. No es pues de extrañar que la demolición del muro berlinés, fruto real de la dialéctica de la historia acabara llevando al marxismo al panteón de teorías ilustres. Aun sin descartar eventuales resurrecciones, deja como legado la sospecha de que no solo él, sino también otras propuestas de ciencia social, pueden acabar encubriendo -bajo seráficos replanteamientos metodológicos de presunta relevancia descriptiva- toda una filosofía de la historia [8]. Las dotará de una

---

[7] Maurice MERLEAU-PONTY "Partout et nulle part", incluido en Signes París. Gallimard, 1960, pág. 161.

[8] Así lo apunté en "La imposible inocencia de las propuestas metodológicas" y "El funcionalismo como ideología tecnocrática", en *Derechos humanos y metodología jurídica* Madrid, Centro de Estudios Constitucionales, 1989, págs. 15-25 y 89-98.

irrefrenable querencia normativa su convicción de ser dueña del secreto para aspirar a un progreso libre de trabas.

De la "naturaleza" de las cosas a la "realidad social" como criterio interpretativo

El riesgo de que se produzca una conversión de lo presuntamente descriptivo en inconfesadamente normativo, incurriendo así en un injustificado paso del ser al deber ser, no se da sólo en el ámbito de la metodología. Quedó atrás la remisión de más de un código europeo al *derecho natural* como fuente supletoria ante posibles insuficiencias de la ley positiva. Tal papel acabarían cumpliéndolo los llamados *principios generales del derecho*. Es obvio que con la remisión al Derecho natural no se nos reenviaba a una legalidad paralela, no menos genérica que la positiva, sino a unas posibles exigencias *naturales* previsiblemente emergentes entre las circunstancias del caso concreto, que dejaban en evidencia la insuficiencia de la ley.

La crítica al positivismo jurídico en la posguerra mundial alienta una búsqueda de puntos de referencia ético-materiales. Se intenta evitar, a la vez, toda abstracción ahistórica o una fundamentación que remitiera a excesivas profundidades metafísicas. Historicidad y fenomenología acaban así dándose la mano en la figura de la *naturaleza de las cosas,* particularmente vigente en la doctrina alemana *(Natur der Sache)* siguiendo la huella del segundo Radbruch[9]. Se trataba sin duda de un intento de recuperar los planteamientos iusnaturalistas, en clave más jurídica que la de las tópicas teorizaciones moralistas sobre la ley natural.

---

[9] Gustav RADBRUCH "La naturaleza de la cosa como forma jurídica del pensamiento", incluido en *Relativismo y Derecho*, Santa Fé de Bogotá, Temis, 1992. págs. 53-70.

Pero su ulterior fundamentación fenomenológica no fue suficiente para poner tal teoría a salvo del rechazo a la metafísica característico de la segunda mitad del siglo XX.

Ello explica que el título preliminar del Código Civil español, en su reforma de 1973, apele -dentro de una abigarrada gama de criterios de interpretación de las normas- a la "realidad social del tiempo en que han de ser aplicadas". Veamos:

"Art. 3. 1. Las normas se interpretarán según el sentido propio de sus palabras, en relación con el contexto, los antecedentes históricos y legislativos, y la realidad social del tiempo en que han de ser aplicadas, atendiendo fundamentalmente al espíritu y finalidad de aquéllas".

Es obvia la dimensión histórica latente en esa referencia al *tiempo;* pero no lo es menos que sirve de acompañamiento a la dimensión implícitamente substantiva que se atribuye a la *realidad social.* Entender esta segunda referencia desde una perspectiva sociológico-descriptiva no tendría ningún sentido. Toda norma jurídica tiene como finalidad conformar la realidad social, por lo que sería un tanto pintoresco interpretarla de modo tal que se limitara a reduplicarla. Si, por el contrario, eliminamos de la citada *realidad* toda dimensión normativa, no podría cumplir la función de todo criterio interpretativo: orientar sobre cómo la norma *debe ser* entendida.

Parece obvio que se trata de reconocer, con una presunta apariencia *técnica,* que el texto legal cobra en realidad *sentido* cuando "se lo pone en correspondencia" -Kaufmann[10]- con el

---

[10] De Arthur KAUFMANN valdrá siempre la pena leer *Analogía y naturaleza de la cosa* en alemán: Heidelberg, Decker-Müller, 1982 (2.ª), o en español: Santiago, Editorial Jurídica de Chile, 1976. Mayor indulgencia merece lo del «espacio jurídicamente libre», según expliqué en *El papel de la personalidad del*

caso concreto; de su contacto con él surgirían las exigencias de justicia capaces de estimular una lectura razonable de su letra. Se replantea con ello, ahora en una dimensión particularmente práctica y concreta, el ya examinado problema de la determinación de la justicia. Parece pues obligado volver a incidir desde esta perspectiva en la problemática relación entre lo jurídico y lo moral; así como sobre la latencia de elementos de deber ser en el contexto social, lo que desborda una dimensión meramente fáctica.

Entre los tópicos y la utopía

Es preciso eludir el peligro de identificar el Derecho como mínimo ético con los tópicos socialmente ya asumidos. Puede también ocurrir lo contrario: que ese mínimo ético se vincule a una presunta *realidad social* que encierra más bien el diseño de una sociedad futura, suscrito *utópicamente* por una autoconvencida minoría. Si lo primero jugaría un papel abiertamente conservador, lo segundo sería el instrumento más eficaz para ejercer un despotismo ilustrado, autosatisfecho de su patente progresista.

La identificación de la *realidad social* con los tópicos en vigor favorecería un claro riesgo: que la búsqueda del mínimo *ético*, capaz de trazar la frontera entre lo jurídico y lo moral, entre lo justo y lo bueno, acabara desembocando en la imposición de una *ética mínima:* la dictada por el mínimo común denominador asumido por las diversas perspectivas morales en juego. Si por *realidad social* se entendiera el conjunto de exigencias éticas compartidas de hecho -a modo de denominador común- por todos

---

juez en la determinación del derecho. Derecho, historicidad y lenguaje en Arthur Kauf-mann, Persona y Derecho, 2002 (47), págs. 279-324.

73

los integrantes de la sociedad, no cabría en modo alguno identificarla con ese *mínimo ético* en que el derecho debe consistir.

Para empezar, conviene evitar la tendencia simplista a considerar como *realidad social* el mero reflejo cuantitativo de las conductas que en ella acaban resultando mayoritarias. Ello supondría dar vía libre a una presunta *fuerza normativa de lo fáctico*, ignorando que no todo uso social puede considerarse jurídicamente vinculante. Para que lo sea, resulta necesario que la mera reiteración de conductas se vea acompañada de una *opinio iuris*. A ésta habría que identificarla, por lo menos, con lo que la mayoría social considera que debe hacerse, y no con lo que realmente hace. Ignorar que en el ámbito social ambos aspectos pueden no coincidir -al igual que oculte en la conducta individual- llevaría a consecuencias poco acertadas.

Puede producirse esta discrepancia entre conducta social fáctica y valores socialmente en vigor porque buena parte de los ciudadanos ejerza, por falta de exigencia ética o por auto atribuirse una presunta situación excepcional, una conducta que no dudarían en considerar en términos generales rechazable. Así puede ocurrir en casos de evasión fiscal o en otros fenómenos relacionados con la corrupción. Igualmente puede ocurrir a la inversa; por ejemplo, cuando colectivos médicos admiten la despenalización del aborto o de la eutanasia, aunque declaran a la vez su voluntad de objetar para no intervenir en tales casos.

Conductas sociales y valores dominantes, hechos y valoración que los mismos merecen, no siempre coinciden; ni en la conducta individual ni en su generalizada proyección social. Por otra parte, asumir indebidamente una delimitación de las exigencias jurídicas que las identifique con los tópicos socialmente vigentes supondría, por ejemplo, que, a la hora de precisar el alcance de un texto constitucional, habría que remitirse a lo que la sociedad entiende hoy que dicho texto dice. El Tribunal Constitucional español no ha dejado de rechazar tal planteamiento, en problemas como la discriminación por razón de sexo[11]. Con ello abre paso a una dimensión utópica, aún no compartida por una sociedad, en la que de hecho predominan pautas machistas; asumidas no pocas veces, sin particular resistencia, incluso por buena parte de las mujeres.

El mínimo ético en que el Derecho consiste marca un nivel de exigencias sin cuyo reconocimiento se considera que una convivencia propiamente humana resultaría imposible. Ello no implica evidentemente que tal nivel haya sido ya asumido por la sociedad, ni unánime ni siquiera mayoritariamente, hasta permitir dar por hecho que constituya un fáctico denominador común. Por muy poco maximalista que en el ámbito ético pretenda el derecho ser, es fácil imaginar que obligará a buena parte de la sociedad a reconocer más exigencias de justicia de las que hasta ahora ha asumido. Significativo al respecto será el juego práctico del art. 9.2 CE, encargado de hacer realidad el "Estado social y democrático de derecho", que se invoca en el art. 1.1 de la carta magna española. Se apoya en el convencimiento de que quedan no pocas condiciones que promover y no pocos obstáculos que remover para que la libertad y la igualdad de individuos y grupos sean reales y efectivas.

Cuando por *realidad social* se entiende las exigencias éticas que comprobadamente la sociedad ya ha hecho suyas, no cabe excluir que más de una sociedad, incluso desarrollada, se halle en bastantes aspectos aún bajo mínimos. El derecho conservará

---

[11] De ello me ocupé en *Discriminación por razón de sexo. Valores, principios y normas en la jurisprudencia constitucional española*, Madrid, Centro de Estudios Políticos y Constitucionales, 1999.

una dimensión *promocional*[12] y utópica, que aspira a cotas de libertad e igualdad aun no garantizadas. Si el derecho tuviera sólo por finalidad consolidar la realidad social vigente, estaría destinado a desaparecer; en buena medida su existencia se justifica por la voluntad de cambiarla, logrando un mayor y mejor ajustamiento de las relaciones sociales.

Apelación progresista a lo políticamente correcto

Tampoco cabe identificar al *mínimo ético* con la *realidad social* a la que con frecuencia se invoca como fuente de progreso en las exigencias éticas socialmente vigentes. No pocas veces, en efecto, la alusión a la realidad social como fuente ética de exigencias jurídicas, no se plantea apelando a los tópicos en vigor sino para ahorrar la necesaria fundamentación a una propuesta *utópica* aún minoritaria. Resulta más cómodo darla por ya existente en la sociedad, descalificando como resistencia retardataria cualquier intento de cuestionarla.

Esa realidad social, sólo presunta, acaba convirtiéndose en una autopositivada propuesta de *lege ferenda*, expresiva de lo *políticamente correcto*. Facilita a una minoría, habitualmente bien situada en los medios de comunicación, el monopolio del horizonte utópico del ordenamiento jurídico. Revive así el despotismo ilustrado, que permitirá a la lúcida minoría que se muestra capaz de captar esa realidad social de obligado cumplimiento, imponer paternalistamente sus dictados a los demás, sin tomarse siquiera el trabajo de convencerlos de lo obligado del empeño.

---

12 Al respecto Norberto BOBBIO, "Función promocional del Derecho", incluido en *Contribución a la teoría del Derecho*, Valencia, Femando Torres, 1980, págs. 367 y SS,

No pocas veces esta actitud buscará apoyo en una *realidad social* que se ofrecería al derecho como benéfico ámbito *neutral* respecto a las controvertidas propuestas morales en juego. Se nos sugiere ahora que, en una *sociedad de riesgo*, donde resultaría inevitable afrontar problemas novedosos sobre los que aún no han llegado a consolidarse respuestas morales consistentes, sería obligado propiciar un curioso *espacio jurídicamente libre*. Se apoyaría en la problemática posibilidad de dar paso a un tipo de conductas que habría que considerar como no-prohibidas sin dejar por ello de estimarlas simultáneamente como no-permitidas; trabalenguas que Kaufmann defendió con empeño digno de mejor causa. Tan acrobática propuesta no desembocaría en una delegación de las responsabilidades del poder legislativo en el judicial, para que en contacto con la realidad social aventure tales juicios inevitablemente arriesgados; originaría, a lo peor, una pura *privatización:* se encomienda a los propios protagonistas del caso, por considerados ciudadanos adultos y responsables, la solución más oportuna; sin preguntarse quién pagará los trastos rotos. En esta tesitura la *invisibilidad del otro* puede acabar resultando aparatosa, dado el previsible condicionamiento de dichos protagonistas por sus propios intereses y circunstancias personales, que han de verse sometidos a obvia regulación pública cuando los valores en juego así lo exigen. Esta privatización acabaría, como veremos, afectando al concepto mismo de los derechos. Éstos, lejos de apoyarse en un título legitimador, fruto de un juicio de valor institucionalmente establecido, pasarían a convertirse en un mero deseo subjetivo que no encuentre particular resistencia en el ámbito de lo público. Se sustituiría así una fundamentada concepción de la *justicia* por el mero juego de oferta y demanda, dentro de un *mercado de los deseos* fácticamente no rechazados.

Parece por todo ello más razonable reconocer que la remisión a la "realidad social del tiempo en que la norma se aplica" no hace sino reconocer la entrada en juego de una soterrada *concepción de la justicia*. Es ella la que, desde el caso concreto, estimula una solución que ha de encontrar luego, en la generalidad del criterio interpretativo, la buscada fundamentación. Mientras con mayor pulcritud se transparente el juicio de valor que todo ello lleva consigo, más abierta y razonable resultará la solución aportada.

Esto no implica que la llamada *técnica* jurídica no cumpla papel alguno. Parte del propio sentido de responsabilidad indicado será buscar apoyo para las propias propuestas en los elementos de *fundamentación* que el ordenamiento ofrece; se evitará así que el inevitable *discernimiento* degenere en arbitraria *discrecionalidad*. Pero el juez no será nunca un ingeniero, sino alguien que emite juicios de valor, que deberá fundamentar para hacerlos comprensibles y aceptables por los afectados. Pretender que quien ha de juzgar actúe como si hubiera perdido el juicio supondría hacer un flaco favor a la realidad social, que es la que acabaría sufriendo las consecuencias.

INDEPENDENCIA, IMPARCIALIDAD Y TRASPARENCIA EN EL NOMBRAMIENTO DE ALTOS CARGOS JUDICIALES

JOSÉ MIGUEL CASTILLO CALVÍN*

Contexto histórico y político

Para reconciliar al ciudadano con las instituciones y su sistema de justicia resulta imprescindible que la división de poderes que consagra nuestra Constitución no se presente ante la opinión pública con una imagen absolutamente vulnerada. Al margen de que el Legislativo haya aceptado ser degradado admitiendo que sea el Gobierno quien legisle sistemáticamente mediante reales decretos leyes, urge articular medidas de regeneración que alejen al Poder Judicial, y muy especialmente a su órgano autónomo de gobierno, de cualquier sospecha de politización partidista, lo que perturba y de forma grave las decisiones que adopta, aunque éstas sean adecuadas.

---

* Doctor en Derecho. Abogado y Economista

La renovación del Consejo General del Poder Judicial (CGPJ), materializada el 25 de junio de 2024, ha marcado un hito trascendental en la historia judicial y política española. Este acontecimiento pone fin a un prolongado período de más de cinco años y medio de bloqueo institucional, durante el cual el máximo órgano de gobierno de los jueces operó con un mandato caducado, generando una crisis sin precedentes en el sistema judicial español.

El acuerdo alcanzado entre el Partido Socialista Obrero Español (PSOE) y el Partido Popular (PP) no solo permitió la renovación inmediata del CGPJ, sino que también incluyó la tramitación urgente de una reforma de la Ley Orgánica del Poder Judicial y del Estatuto Orgánico del Ministerio Fiscal. Esta reforma se presenta como una respuesta a las deficiencias estructurales que permitieron el prolongado impasse, buscando establecer mecanismos que prevengan futuros bloqueos institucionales.

La capacidad de los principales partidos políticos para superar sus diferencias en este asunto crítico podría sentar un precedente positivo para la resolución de otros conflictos institucionales. No obstante, también subraya la necesidad de establecer mecanismos que aseguren el funcionamiento regular de las instituciones más allá de los acuerdos coyunturales entre partidos.

Debemos recordar que la situación de interinidad del CGPJ -cuyas facultades no pueden ser las mismas que las aplicables al periodo normal de funcionamiento, según entiende la Ley Orgánica 4/2021-, había generado graves consecuencias para el funcionamiento del sistema judicial. La imposibilidad de nombrar altos cargos judiciales, incluyendo magistrados del Tribunal Supremo, había provocado una acumulación de vacantes que amenazaba con paralizar la administración de justicia en sus más altas instancias, exacerbando la crisis institucional.

La resolución de este conflicto trasciende el ámbito meramente judicial, teniendo implicaciones profundas para el Estado de Derecho y la separación de poderes en España. La prolongada interinidad del Consejo había sido objeto de críticas tanto a nivel nacional como internacional, cuestionando la independencia judicial y la salud democrática del país. En este contexto, el proceso de normalización institucional que se inicia con esta renovación no solo restaura la normalidad institucional, sino que también representa una oportunidad para fortalecer la confianza pública en el sistema judicial.

Con la renovación efectuada, el nuevo CGPJ se enfrenta ahora a la tarea de revisar los mecanismos de elección de sus miembros, un tema que ha sido fuente de controversia y que requiere un delicado equilibrio entre la legitimidad democrática y la independencia judicial. E igualmente, y de forma inmediata, a cubrir un centenar de nombramientos pendientes, incluyendo 26 plazas en el Tribunal Supremo. Este proceso implica un desafío en términos de consenso y legitimidad. La unanimidad lograda en los primeros nombramientos realizados por el Consejo renovado sugiere un cambio positivo en la dinámica interna del órgano, contrastando con la polarización que caracterizó los debates sobre su renovación en los años precedentes.

Marco legal: Mejoras y deficiencias

Sin embargo, más allá de la mera renovación y la realización de nombramientos pendientes, es crucial analizar si la regulación actual garantiza que estas designaciones respeten plenamente los principios de mérito, capacidad y transparencia que deben regir la función pública judicial.

El foco de atención se debe centrar pues en el artículo 326 de la Ley Orgánica del Poder Judicial (LOPJ), especialmente en su segundo apartado, que ha experimentado cambios significativos. Hasta enero de 2019, este apartado simplemente establecía que la provisión de destinos en la Carrera Judicial se realizaría por concurso, con excepciones para altos cargos judiciales. Esta redacción permitía para estos últimos nombramientos un modelo sin baremación objetiva de méritos y sin jerarquía entre los méritos preferentes de los candidatos, otorgando al Consejo una amplia discrecionalidad, no delimitada reglamentariamente.

Por ello, se percibía por los ciudadanos y por los propios jueces, una extendida sensación de preterición y de favorecimiento ajenos a los principios de mérito y capacidad en los acuerdos de nombramientos de los altos cargos judiciales, como igualmente venía recordando cada año el Grupo de Estados contra la Corrupción del Consejo de Europa (Greco), que insistía en la necesidad de incluir criterios objetivos y requisitos de evaluación que debían implantarse para el nombramiento de altos cargos en la judicatura; y ello, para garantizar que estos nombramientos no pusieran en tela de juicio la independencia, imparcialidad y transparencia del proceso.

La reforma introdujo mejoras notables. Ahora, la provisión de altos cargos judiciales «se basará en una convocatoria abierta que se publicará en el «Boletín Oficial del Estado», cuyas bases, aprobadas por el Pleno, establecerán de forma clara y separada cada uno de los méritos que se vayan a tener en consideración». Además, «la convocatoria señalará pormenorizadamente la ponderación de cada uno de los méritos en la valoración global del candidato».

Estas modificaciones representan un avance significativo. La ponderación previa de méritos busca prevenir que la potestad discrecional se convierta abiertamente en un acto de arbitrariedad, mientras que la exigencia de motivar las propuestas, analizando individualmente los méritos de cada candidato -que también se valorarán conjuntamente con su capacidad e idoneidad-, aumenta la transparencia del proceso.

No obstante, el sistema actual aún presenta deficiencias. La motivación y ponderación de méritos se limita a los candidatos incluidos en la terna elevada al Pleno, lo que no garantiza una competencia en igualdad de condiciones para todos los aspirantes.

Además, al permitir que el Pleno establezca en las bases de cada convocatoria «cada uno de los méritos que se vayan a tener en consideración», existe el riesgo de que los requisitos se adapten a candidatos específicos, priorizando méritos subjetivos sobre los estrictamente jurisdiccionales.

Y si bien el Reglamento 1/2010, que regula la provisión de plazas de nombramiento discrecional, reconoce límites a la discrecionalidad del Consejo, sin embargo, su artículo 5 introduce un elemento distorsionador, al establecer que para las plazas del Tribunal Supremo «se valorarán con carácter preferente los méritos reveladores del grado de excelencia en el estricto ejercicio de la función jurisdiccional». Este concepto jurídico indeterminado de «méritos reveladores del grado de excelencia» genera una zona de incertidumbre que puede ser interpretada de manera subjetiva.

Esta ambigüedad permite al Consejo mantener un amplio margen de apreciación, convirtiendo potencialmente el nombramiento en una suerte de libre designación. Por tanto, la facilidad para justificar cualquier decisión bajo el paraguas de la «excelencia» puede socavar la objetividad del proceso.

Conclusiones y desafíos futuros

La renovación del CGPJ marca el inicio de una nueva era para la justicia española, llena tanto de oportunidades como de desafíos. Este evento no solo pone fin a un prolongado período de crisis institucional, sino que también ofrece una oportunidad única para reevaluar y fortalecer los cimientos del sistema judicial español. Sin embargo, el camino hacia una justicia plenamente independiente, transparente y eficaz aún presenta desafíos significativos que requieren atención y acción continuada.

En primer lugar, es imperativo reconocer que, aunque las reformas recientes han mejorado el sistema de nombramientos judiciales en España, aún existen áreas que requieren atención. Es necesario establecer criterios más objetivos y mensurables para evaluar la excelencia judicial, reduciendo así el margen de interpretación subjetiva y potencial arbitrariedad en los nombramientos, garantizando una verdadera igualdad de oportunidades para todos los candidatos. Solo así se podrá asegurar que los nombramientos de altos cargos judiciales respeten plenamente los principios constitucionales de mérito, capacidad y transparencia, fortaleciendo la independencia judicial y restaurando la confianza de la sociedad española en su conjunto en nuestra administración de justicia.

Además, la experiencia de este prolongado bloqueo institucional subraya la necesidad de establecer mecanismos más robustos para garantizar la renovación oportuna del CGPJ en el futuro. Esto implica la consideración de reformas constitucionales o legales que establezcan consecuencias claras para los partidos políticos que obstruyan el proceso de renovación, asegurando así la continuidad y estabilidad del gobierno judicial.

La renovación del CGPJ también ofrece una oportunidad para abordar otros desafíos pendientes en el sistema judicial español, como la modernización tecnológica, la reducción de los tiempos de espera en los procesos judiciales y la mejora de la accesibilidad a la justicia para todos los ciudadanos. Estos aspectos, aunque no directamente relacionados con los nombramientos judiciales, son fundamentales para restaurar la confianza pública en nuestro sistema judicial a largo plazo.

En última instancia, el éxito de esta nueva etapa en la justicia española dependerá no solo de las reformas legales y estructurales, sino también de un cambio en la cultura institucional. Es esencial fomentar una cultura de transparencia, rendición de cuentas y excelencia profesional en todos los niveles del poder judicial. Esto implica no solo cambios en los procedimientos, sino también en las actitudes y prácticas de todos los actores involucrados. Solo a través de un compromiso continuo con la mejora y la adaptación a las necesidades cambiantes de la sociedad, el poder judicial español podrá cumplir plenamente su papel como pilar fundamental del Estado de Derecho y garante de los derechos y libertades de todos los ciudadanos.

INDEPENDENCIA DEL PODER JUDICIAL Y DE SU ÓRGANO DE GOBIERNO

NURIA DÍAZ ABAD[*]

Introducción

En el año 2012 el profesor Gaspar Ariño Ortiz escribía: "la batalla política en torno a la Justicia -incluida la constitucional— es, a mi juicio, la más grave lacra de la democracia española (hay otras, pero esta es la peor). El poder judicial es la clave de bóveda del Estado de Derecho y, también en gran medida, de la prosperidad y riqueza de un país, que es imposible sobreviva sin un sistema judicial de calidad, sano e independiente"[1]. Y a continuación hacía estas reflexiones sobre el órgano de gobierno del poder judicial español: "la realidad del funcionamiento del CGPJ ha sido así, desde 1986, algo lamentable, tanto en lo que se refiere a nombramientos –un mercadeo de cargos basado en el amiguismo y la proximidad ideológica más que en los méritos profesionales– como en el funcionamiento de los servicios. Se producen en su seno denuncias cruzadas y se alardea, por unos

---

[*] Abogada del Estado y ex Vocal del Consejo General del Poder Judicial

[1] G. Ariño Ortiz, *Regenerar la democracia, reconstruir el Estado. Un programa de reformas políticas.* Unión Editorial, Madrid, 2012, pág. 205.

o por otros, sobre los nombramientos conseguidos para la propia Asociación. Las minorías (o los no asociados) censuran el "pasteleo" y denuncian la marginación de que son objeto. Por estas y otras razones en las que no podemos ahora entrar (corporativismo, oficina judicial, selección y formación de los jueces, leyes procesales en vigor), el resultado ha sido la pérdida de independencia, la confusión, el desprestigio de la institución judicial y la quiebra de la seguridad jurídica del país"[2].

En diciembre de 2013 un nuevo Consejo General del Poder Judicial (en adelante, CGPJ) comenzaba su andadura. No estoy segura de que el análisis que del funcionamiento del órgano de gobierno de los jueces pueda hacerse hoy difiriera mucho del que hizo el profesor Ariño Ortiz en 2012. Pero sí estoy segura de que podemos partir en nuestra reflexión de tres premisas para formularnos tres preguntas. La primera es que los jueces españoles son independientes, pero ¿lo es también su órgano de gobierno? La segunda premisa es que es positivo para un país tener un Consejo del Poder Judicial que aglutine muchas competencias, pero ¿ello no conlleva un mayor riesgo de politización? A mi juicio, como expondré, la solución a estas cuestiones pasa por una reflexión ética. Por ello, partiendo de la premisa de que los propios jueces españoles se han otorgado unos principios de ética ¿no sería deseable que los miembros de los Consejos de Justicia adoptaran también unos principios éticos que guiaran su actuación?

Existen en la Unión Europea tres grandes redes judiciales: la Red de Presidentes de Tribunales Supremos, "ACA Europe", que reúne a los Consejos de Estado y Tribunales Supremos Administrativos, y la Red Europea de Consejos de Justicia (RECJ), asociación de los órganos de gobierno de los Poderes

---

2 *Ibidem*, pág. 211.

Judiciales europeos. Desde el año 2013 la RECJ viene reflexionando sobre independencia, rendición de cuentas y calidad de la justicia, estableciendo estándares para mejorar el funcionamiento de los poderes judiciales y para garantizar el Estado de Derecho. En este sentido la Red se ha convertido en colaboradora de la Comisión Europea para todo lo relativo a la independencia judicial en la Unión Europea[3] y colabora con dicha institución tanto en el marco del informe anual sobre el Estado de Derecho que elabora la Comisión, como en el cuadro de indicadores de la Justicia, el llamado "scoreboard" de la Justica, que también se publica con carácter anual. Todos estos documentos, junto con los rankings internacionales que analizan la independencia de los sistemas judiciales, y los documentos que en el seno del Consejo de Europa elaboran el Consejo Consultivo de Jueces Europeos (en lo sucesivo, CCJE) o la Comisión para la Democracia a través del Derecho, conocida como Comisión de Venecia, nos ayudarán en esta reflexión.

Independencia de los jueces españoles ¿Independencia de su órgano de gobierno?

Los jueces españoles se ven a sí mismos como jueces independientes. En la última encuesta entre jueces europeos en activo llevada a cabo en 2022 por la RECJ[4] en la que participaron 15.821 jueces de 27 países diferentes, entre ellos 1.191 jueces españoles, en una escala de 1 a 10 los jueces españoles

---

[3] Véase la Comunicación de la Comisión Europea al Parlamento Europeo y al Consejo "Un nuevo marco de la UE para reforzar el Estado de Derecho" (documento de 11.3.2014, COM(2014) 158 final).

[4]   https://pgwrk-websitemedia.s3.eu-west-1.amazonaws.com/production/pwk-web-encj2017-p/GA%2022/Report%20ENCJ%20Survey%202022.pdf

consideran que los jueces de su país merecen un 8, mientras que ellos mismo valoran su independencia con un 9,1. La media europea se sitúa entre 7 y 9,8 para la independencia de los jueces del país, mientras que ronda entre 7,5 y 9,9 para independencia personal del juez. En coherencia con estas valoraciones sobre independencia pocos jueces denunciaron presiones indebidas a la hora de adoptar sus resoluciones.

Sin embargo, sí hay que señalar que existen diversos elementos que suponen una presión para el juez a la hora de dictar sentencia. En este sentido los jueces españoles apuntan a que son factores que debilitan su independencia la influencia de los medios de comunicación y de las redes sociales, la carga de trabajo y las relaciones con los demás poderes del Estado, en especial por lo que respecta a las dificultades que pueden encontrarse en la ejecución de sentencias que condenan al Estado y en la falta de medios materiales, que en España deben proporcionar bien en Ministerio de Justicia en el caso de cinco Comunidades Autónomas, bien las respectivas Consejerías de Justicia del resto de Comunidades Autónomas que tienen asumida la competencia en materia de Justicia.

Pero cuando estos mismos jueces evalúan en el marco de esta encuesta el grado de independencia del Poder Judicial, el CGPJ es el órgano de gobierno de los jueces que recibe peor valoración, un 2,7, mientras que la media europea se sitúa en un 6,9 y hay Consejos, como el de Irlanda del Norte que obtiene un 9,6 o el de Francia que puntúa con un 7,8. En esta línea España es también de los países donde los jueces consideran que su órgano de gobierno es menos respetuoso con su independencia. A la pregunta "creo que en los últimos tres años mi independencia como juez ha sido respetada por el Consejo del Poder Judicial" sólo un 63% de los jueces españoles está de acuerdo con esta afirmación, cuando la media europea se sitúa en un 80%. Por debajo del porcentaje español solo podemos encontrar el de Bulgaria y el de Eslovaquia.

Hasta aquí la visión que los propios jueces tienen de su independencia. Pero ¿cómo ven los ciudadanos y las empresas la independencia judicial española? La Comisión Europea lleva a cabo con carácter anual una encuesta entre ciudadanos y empresas sobre esta cuestión. En el último "scoreboard de la Justicia" correspondiente a 2023[5], al analizar la percepción de independencia, la Comisión utiliza diversas fuentes, entre ellas el llamado Eurobarómetro[6]. España, en la valoración del público en general ocupa el puesto 23 de los 27 Estados miembros de la UE, seguida de Eslovaquia, Bulgaria, Polonia y Croacia. Y la principal razón que los encuestados dieron de ello fueron las interferencias o presiones del gobierno o de los políticos. Por lo que respecta a la valoración por parte de las empresas, España sube un puesto en la clasificación, ocupando el 22, seguida de Bulgaria, Hungría, Eslovaquia, Croacia y Polonia. Y de nuevo para las empresas encuestadas la razón que más influye en su evaluación fueron las interferencias o presiones del gobierno o de los políticos. Todo ello influye en la percepción que

---

5 Comunicación de la Comisión Europea al Parlamento Europeo, al Consejo, al Banco Central Europeo, al Comité Económico y Social Europeo y la Comité de las Regiones, COM(2023) 309

6 "Eurobarometer survey FL519", encuesta realizada entre el 16 y el 24 de enero de 2023.Respuestas a la pregunta: De lo que usted conoce, ¿cómo puntuaría el sistema judicial en su país en términos de independencia de los tribunales y los jueces? ¿Diría que es muy buena, bastante buena, bastante mala o muy mala? Véase: https://ec.europa.eu/info/strategy/justiceand-fundamental-rights/effective-justice/eu-justice-scoreboard_en   FL   503 (2022), FL 489 (2021), FL 435 (2016).

También puede consultarse en la página web del Eurobarómetro: https://europa.eu/eurobarometer/screen/home

las empresas tienen de en qué medida la ley y los tribunales nacionales están en condiciones de proteger de manera efectiva sus inversiones. España, de nuevo en el puesto 23, tiene problemas para ello, según las empresas encuestadas, por los continuos cambios legislativos o por la preocupación que el proceso legislativo suscita entre las empresas, así como por la conducta impredecible y no transparente de las Administraciones públicas y las dificultades que encuentran para impugnar las decisiones de la Administración ante los tribunales.

Otros índices internacionales en materia de Justicia muestran igualmente la baja percepción que de la independencia judicial española se tiene, aunque en los últimos años ha mejorado algo. Nos fijaremos, concretamente, en el índice que publica anualmente el Foro Económico Mundial, el llamado "Global Competitiveness Index". En su edición de 2013-2014 España en independencia judicial ocupaba el puesto 72 de 148 países examinados, con una evaluación de 3,7. En la edición 2017-2018 subimos al puesto 59 de 140 países con un 4,1. Este índice analiza la influencia de determinados factores sobre la competitividad de los países. Sin duda el tener un poder judicial independiente refuerza dicha competitividad, pues los inversores sabrán que las posibles disputas que se puedan plantear en vía judicial se resolverán por jueces libres de influencias indebidas por parte de otros poderes del Estado. Es también un elemento que refuerza la idea de Estado de Derecho. En este sentido el "World Justice Project" publica un informe anual sobre la situación del Estado de Derecho en el mundo. En su última edición de 2023[7] España ocupa el puesto 24 de 142 países examinados con una nota de 0,72 siendo el 1 la más alta.

---

[7] https://worldjusticeproject.org/rule-of-law-index/downloads/WJPIndex2023.pdf

De acuerdo con una encuesta de 2021 encargada por el CGPJ a Metroscopia[8] el Poder Judicial es el mejor valorado de los tres poderes del Estado. Por otra parte, la Justicia española es tenida como suficientemente independiente. No obstante, de la encuesta resulta que dos de cada tres españoles (66%) creen que los tribunales reciben presiones, de forma permanente, aunque el 90% de los jueces dice no haber recibido nunca presión o sugerencia alguna sobre cómo resolver un caso. Entre los ciudadanos que dicen percibir presiones constantes sobre la Justicia, el 89% las atribuye a los grupos políticos de todo tipo, el 86% al gobierno de turno, el 84% a los grupos de presión económicos y sociales, y el 62% a los medios informativos. También en este punto, la sensación ciudadana se ve contradicha radicalmente por la experiencia personal de los jueces. Entre estos, en efecto, un 9% reconoce presiones de los medios informativos, un 3% de los partidos políticos y de los grupos de presión (sociales o económicos); y solo un 1% del gobierno de turno.

Sin embargo, la percepción de independencia judicial entre quienes han sido parte en un procedimiento judicial es mejor en términos generales. En 2023 el CGPJ encargó a Metroscopia una encuesta entre los usuarios de los servicios de la Justicia[9] que reveló que la evaluación de los distintos aspectos de su

---

[8] https://www.poderjudicial.es/cgpj/es/Temas/Transparencia/Buen-Gobierno--Etica-Judicial-y-Comision-de-Etica-Judicial/Encuestas-de-satisfaccion/Encuesta--Los-Espanoles-y-la-Justicia---Mayo-de-2021

[9] https://www.poderjudicial.es/cgpj/es/Temas/Transparencia/Buen-Gobierno--Etica-Judicial-y-Comision-de-Etica-Judicial/Encuestas-de-satisfaccion/Sondeo-de-opinion--La-imagen-de-la-Justicia-entre-usuarios-de-sus-servicios--Febrero-2023--Metroscopia-

experiencia ante la Justicia resulta ser altamente positiva tanto entre quienes dicen haber ganado el caso como entre quienes lo perdieron (o no saben todavía el resultado del mismo). Especialmente significativo es el hecho de que un 80% dice confiar en que el tribunal resolvió (o resolverá) el caso de forma imparcial (el porcentaje sube hasta el 93 entre quienes lo ganaron y queda en un sustancial 67 entre el resto).

Es positivo tener un Consejo del Poder Judicial con muchas competencias. ¿No conlleva esto un riesgo de politización?

En principio cabría pensar que la existencia de un Consejo del Poder Judicial con amplias facultades es la mejor solución para garantizar la independencia judicial en un Estado. Así pareció entenderlo nuestro constituyente cuando concibió la creación de este órgano jurisdiccional en la Constitución de 1978 tomando como modelo el Consejo de la Magistratura italiano. Sin embargo, la creación de este tipo de órganos, dotados de extraordinarias facultades para gobernar el Poder Judicial, ha sido problemática en los últimos años en la Unión Europea, en particular en países como Polonia y Hungría. El hecho de que un Consejo tenga muchas facultades lo hace especialmente susceptible de ser ambicionado por el poder político, que ve en la toma del control del Consejo la posibilidad de tomar también control sobre el Poder Judicial.

Esta reflexión ha llevado al Consejo Consultivo de Jueces Europeos (CCJE) y a la Red Europea de Consejos de Justicia (RECJ) a adoptar en 2021 sendos informes relativos a los Consejos de Justicia.

El CCJE ya había tenido ocasión de referirse a los Consejos de Justicia en su dictamen n° 10 (2007) sobre los Consejos de

Justicia al servicio de la sociedad[10] y en 2021 emitió un segundo dictamen sobre esta cuestión (dictamen n° 24 sobre la evolución de los Consejos de Justicia y su papel en los sistemas judiciales independientes e imparciales)[11]. El CCJE es consciente de que "ni siquiera las reglas detalladas establecidas en las constituciones y los estándares internacionales bastarán por sí solos para hacer realidad estos principios y lograr un poder judicial independiente e imparcial que opere de acuerdo con altos estándares profesionales" y que "los Consejos de Justicia deben poner de su parte para ganarse la confianza de los ciudadanos a través de un trabajo excelente realizado de forma responsable y transparente en interés de los ciudadanos".

Entre las cuestiones novedosas que incluye este dictamen de 2021 está la de reforzar la legitimidad de estos órganos, distinguiendo a estos efectos dos fuentes de legitimidad del poder de los jueces individuales y del poder judicial: la legitimidad formal o constitucional, que proviene de la constitución del respectivo Estado y de los nombramientos judiciales realizados conforme a Derecho, y la legitimidad funcional, que se basa en la confianza del público creada por un trabajo excelente, la transparencia y la rendición de cuentas. El CCJE parte también de la base de que todo Consejo debería tener competencias adecuadas para defender la independencia del poder judicial y de los jueces individuales, enumerando entre dichas competencias, como una tarea especialmente importante, la de la selección o recomendación de nuevos jueces para su nombramiento y su promoción. El CCJE reconoce que los Consejos de Justicia deben tener amplias competencias para todas las cuestiones

---

[10] https://rm.coe.int/1680747d19

[11] https://rm.coe.int/opinion-24-2001-of-the-ccje-spanish/1680a526af

relativas a su estatuto, así como a la organización, el funcionamiento y la imagen de las instituciones judiciales y destaca que "cuantos mayores sean las responsabilidades y los poderes conferidos a un Consejo, más importante es que su independencia sea respetada por los demás poderes del Estado, que disponga de recursos suficientes y que rinda cuentas de sus actividades y decisiones. Aunque un Consejo con amplios poderes puede defender a la judicatura y a los jueces a título individual, sus numerosas responsabilidades lo hacen vulnerable a la politización desde dentro o desde fuera de la judicatura." Por ello recomienda que todos los miembros de un Consejo de Justicia deben estar a la altura de los más elevados estándares éticos y profesionales y deben rendir cuentas de sus acciones a través de los medios apropiados.

Por su parte, la RECJ[12], recuerda en su Compendio sobre los Consejos de Justicia de 2021 que el artículo 19 el Tratado de la Unión Europea, que concreta el valor del Estado de Derecho consagrado en el artículo 2 de dicho Tratado, atribuye la competencia para garantizar la revisión jurisdiccional en el marco de la Unión Europea no solo al TJUE, sino también a todos y cada uno de los jueces de los Estados miembros. Esta visión del juez nacional como juez de Derecho de la Unión Europea permitió al Tribunal de Justicia en el asunto C-64/16[13] atribuirse competencia para examinar la situación de la independencia del Poder Judicial en un Estado miembro.

---

12   https://pgwrk-websitemedia.s3.eu-west-1.amazonaws.com/production/pwk-web-encj2017-p/Translations/Compendio%20de%20la%20RECJ%20sobre%20los%20Consejos%20de%20Justicia%20-%20TRADUCIDO.pdf.

13 sentencia de 27 de febrero de 2018, Associação Sindical dos Juízes Portugueses (C-64/16, EU:C:2018:117).

Partiendo de esta premisa el TJUE ha tenido ocasión de manifestarse también sobre los Consejos de Justicia. Por ejemplo, la sentencia de 19 de noviembre de 2019[14], en relación con el Consejo Nacional del Poder Judicial polaco (CNPJ) consideró que "la intervención de un organismo como este, en el contexto de un proceso de nombramiento de los jueces, puede sin duda contribuir, en principio, a objetivar ese proceso[15]. En particular, el hecho de someter la posibilidad misma de que el presidente de la República proceda al nombramiento de un juez del Sąd Najwyższy (Tribunal Supremo) a la propuesta previa en este sentido emanada del CNPJ puede delimitar objetivamente el margen de maniobra de que dispone el presidente de la República en el ejercicio de la competencia que de esta forma se le atribuye. Sin embargo, solamente es así cuando dicho organismo disfruta él mismo de una independencia suficiente respecto de los poderes Legislativo y Ejecutivo y de la autoridad a la que debe remitir tal propuesta de nombramiento[16]. En efecto, el grado de independencia de que goza el CNPJ frente a los poderes legislativo y ejecutivo en el ejercicio de los cometidos que la legislación nacional le atribuye como organismo encargado, en virtud del artículo 186 de la Constitución, de velar por la independencia de los jueces y tribunales puede ser pertinente a

---

14 Asuntos acumulados C-595/18, C-624/18 y C-625/18A.K. (Independencia de la Sala Disciplinaria del Tribunal Supremo) ECLI:EU:C:2019:982 .

15 Véase, por analogía, la sentencia de 24 de junio de 2019, Comisión/Polonia (Independencia del Tribunal Supremo), C-619/18, EU:C:2019:531, apartado 115; véase también, en este sentido, TEDH, sentencia de 18 de octubre de 2018, Thiam c. Francia, CE:ECHR:2018:1018JUD008001812, §§ 81 y 82.

16 Véase, por analogía, la sentencia de 24 de junio de 2019, Comisión/Polonia (Independencia del Tribunal Supremo), C-619/18, EU:C:2019:531, apartado 116.

los efectos de apreciar si los jueces que selecciona estarán en condiciones de satisfacer las exigencias de independencia y de imparcialidad que se derivan del artículo 47 de la Carta".

En consecuencia, no basta con dotarse de un Consejo del Poder Judicial para garantizar la independencia de un sistema judicial, sino que es necesario que el Consejo, a su vez, sea independiente de los poderes legislativo y ejecutivo (independencia externa). Es más, el documento de la RECJ va más allá y añade que un Consejo de Justica debe estar también libre de influencias indebidas provenientes del propio Poder Judicial (independencia interna).

Los estándares desarrollados por la RECJ en relación con los Consejos de Justicia están encaminados a garantizar que éstos puedan cumplir con su misión de reforzar y mantener el Estado de Derecho. Por ejemplo, se considera esencial que participen en cada fase de desarrollo y aplicación de los planes de reforma (incluida la digitalización de la justicia) para garantizar la independencia del poder judicial y que las reformas sean efectivas e infundan confianza. También se considera importante tener en cuenta la forma en que estos órganos ejercen sus responsabilidades constitucionales de garantizar la independencia de los tribunales y del poder judicial y sus distintas competencias, en particular si lo hacen de una forma que pueda poner en entredicho su independencia en relación con el poder legislativo y el ejecutivo. En sus relaciones con otros poderes del Estado los Consejos deben crear, mantener y exigir relaciones de respeto mutuo y buscar un diálogo continuo, desarrollando canales de comunicación con los representantes de todos los otros poderes.

Por otra parte, el Compendio de 2021 recomendaba que los Consejos de Justicia desarrollen normas de comportamiento profesional y conducta ética para sus miembros (tanto judiciales como no judiciales) de manera similar a como se ha hecho para los jueces. A tal efecto se constituyó un grupo de trabajo en el seno de la RECJ para elaborar un documento que pudiera ser utilizado por los Consejos para redactar un código de conducta que contuviera valores, principios, normas o buenas prácticas para los miembros que actúan en el seno de los Consejos de Justicia, ofreciendo así un modelo de código de conducta que debería ser adaptado por cada Consejo de la Justicia a sus propias peculiaridades.

Los jueces españoles han desarrollado unos principios de ética de la Carrera Judicial. ¿No sería deseable que los miembros de los Consejos de Justicia adoptaran también unos principios éticos que guiaran su actuación?

Como hemos visto la reflexión llevada a cabo por el CCJE y por la RECJ confluye en la idea de la necesidad de que los Consejos de Justicia elaboren unos principios de ética con objeto de consagrar una serie de valores y modelos de conducta para sus miembros, lo que repercutirá sin duda en la apreciación que la ciudadanía tenga de la forma de trabajar de estos órganos. En un momento en que se cuestiona la propia existencia de estos Consejos de Justicia por considerarlos susceptibles de politización es más necesario que nunca que sus miembros se comporten con arreglo a unos estándares éticos conocidos y reconocibles en su forma de actuar.

En este sentido la RECJ trabajó sobre la base de una serie de principios y de valores inspirados en gran medida en la regulación que de los principios en materia de ética judicial son aplicables tanto a nivel mundial (Principios de Bangalore) como por los distintos poderes judiciales de los Estados miembros. El documento aprobado en la Asamblea General de la RECJ de 2023 parte de la idea de que la actividad de los miembros judiciales de los Consejos difiere de la que los jueces deben ejercer en los tribunales, ya que sus obligaciones deontológicas son específicas y su contenido está directamente vinculado a la naturaleza de sus atribuciones y competencias. Por otra parte, un código de conducta propio de los miembros de los Consejos de Justicia garantizará igualmente la aplicación de las normas deontológicas a todos los miembros de un mismo Consejo de la Justicia - en consecuencia, también a todos los Consejos-, incluidos los miembros no judiciales que no están sujetos a ninguna norma deontológica particular en el marco de sus funciones ejercidas dentro y fuera del Consejo. Finalmente, un código de conducta servirá de base para la consulta y la autorreflexión sobre las obligaciones de los miembros de los Consejos de Justicia.

Entre los principios que han de inspirar la actuación de los miembros de los Consejos de Justicia están la integridad, la independencia y la imparcialidad. Se enumeran en este orden, porque la RECJ consideró que la integridad es un valor que se refiere a toda la persona, la independencia se refiere a la persona en el ejercicio de su profesión y la imparcialidad se refiere al asunto concreto del que haya de ocuparse. Un aspecto problemático a la hora de desarrollar estos principios era si debían o no abarcar las actividades privadas de los miembros de los Consejos. Finalmente se optó por incluir que los miembros de los Consejos "no incurrirán en ninguna conducta que cuestione su integridad y su comportamiento extraprofesional no deberá menoscabar la dignidad de su cargo".

Entre los valores instrumentales que se consideran necesarios para el desempeño del cargo se enumera, en primer lugar, el de la competencia, indicando que los miembros de los Consejos adquirirán, mantendrán y desarrollarán los conocimientos y competencias pertinentes para estas funciones. También se recoge el valor de la cooperación, debiendo trabajar teniendo en cuenta el interés superior de cada juez, del poder judicial y, en última instancia, de la sociedad y estando obligados a cooperar para tomar las mejores decisiones en interés de las partes interesadas y no en el suyo propio. Igualmente se recoge el valor del respeto, indicando que "los miembros de los Consejos de Justicia deben comunicarse entre sí y sobre los demás, ya sea en circunstancias formales o informales, directa o indirectamente, con la debida consideración y de manera respetuosa", obligación que se extiende a los miembros del personal administrativo y a los funcionarios y otros empleados de la institución. Especial relevancia reviste a mi juicio el valor de la lealtad. En una institución sometida en no pocas ocasiones a tensiones, la lealtad se erige como un principio básico de comportamiento. Podemos discrepar, pero habremos de hacerlo siempre desde el respeto y la lealtad. Por ello el documento aprobado por la RECJ se refiere a que "los miembros deben abstenerse de hacer declaraciones fuera de la institución que puedan perjudicar gravemente su reputación. En caso de opiniones minoritarias o discrepantes, deben expresarse pública y privadamente de forma documentada y respetuosa, teniendo en cuenta la lealtad hacia el poder judicial". Ello no obstante, y como una excepción al deber de reserva que conlleva la lealtad, se recoge también la norma de que "cuando la democracia, las libertades fundamentales o el Estado de Derecho están en peligro, los miembros de los Consejos de Justicia deben alzar la voz". Y, finalmente, se recogen los principios de transparencia y de reserva y discreción.

El documento al que venimos haciendo referencia ha de servir de modelo al Consejo General del Poder Judicial para, con las debidas adaptaciones, proceder a la aprobación de unos principios de ética a los que deban atenerse sus miembros. Pero esta es una labor que todavía no ha comenzado y que muy probablemente tendrá que llevar a cabo el próximo Consejo.

Nuria Díaz Abad

A modo de conclusiones

Hemos visto cómo en España, a pesar de que los jueces españoles gozan de un alto nivel de independencia, la percepción de independencia judicial es de las más bajas de la Unión Europea. A mi juicio esta cuestión está muy ligada a la imagen que proyecta sobre la ciudadanía el Consejo General del Poder Judicial. La anomalía institucional que supone que el Consejo no se haya renovado en plazo y que un día tras otro se traslade a la opinión pública la idea que los partidos políticos pretenden controlar este órgano constitucional afecta muy negativamente a la imagen de independencia de este órgano. Por otra parte, el modelo de elección de los miembros judiciales del Consejo juega también un papel importante en este debate. Siendo el estándar europeo que los miembros judiciales se elijan por los propios jueces y habiendo señalado la Comisión Europea en sus informes sobre el Estado de Derecho de 2022 y 2023 que ha de renovarse el Consejo sin dilación y que, inmediatamente después, ha de cambiarse el sistema de elección de los miembros judiciales para adaptarlo a estos estándares, no se ha conseguido hasta la fecha ni dicha renovación, ni dicho cambio legislativo.

Creo que es importante que un Consejo de Justicia esté dotado de amplias competencias y de los medios adecuados que le permitan defender la independencia de los jueces. Pero creo también que es importante que los miembros de los Consejos sean y sean vistos como personas independientes y, en este sentido, la aprobación de unas normas de conducta ética de dichos miembros de los Consejos podría contribuir a mejorar la imagen de la actuación de este órgano constitucional.

EL MINISTERIO FISCAL Y EL ESTADO DE DERECHO

*FIDEL ÁNGEL CADENA SERRANO**

Introducción

Frente a lo que pueda pensarse es posible que las democracias mueran. Los profesores STEVEN LEVITSKY y DANIEL ZIBLATT, de la Universidad de Harvard, han invertido dos décadas en el estudio de las causas de la caída de varias democracias en Europa y Latinoamérica, y creen que la respuesta a aquella pregunta es afirmativa. En su obra *Cómo mueren las democracias* –marzo de 2021-, advierten que la democracia ya no termina con un estallido de violencia (un golpe militar o una revolución), sino con el lento y progresivo debilitamiento de las instituciones esenciales, entre ellas, el Poder judicial.

El control de los medios de comunicación favorece la opción liberticida y la colonización de las instituciones, sustituyendo el respeto por la ley y la imparcialidad por una vaporosa lectura democrática, olvidando que no existe democracia fuera de la Constitución, pueden convertirse en alarmas que alertan del riesgo de autoritarismo.

* Fiscal de Sala del Tribunal Supremo

En las democracias más firmes y consolidadas, cuando fracasa la política y es normal que esto ocurra, las instituciones constitucionalmente diseñadas sostienen el funcionamiento del Estado y el sistema democrático. Es por ello por lo que el riesgo de colonización o de inmersión ideológica en las mismas debe precaverse.

Como ya dijimos, hoy los golpes de Estado no exigen alzamientos militares. Suceden cuando quien ostenta el poder ejecutivo con su mayoría parlamentaria intenta controlar el resto de los poderes del Estado. Ejemplos recientes serían los de Erdogan en 2015, Maduro en Venezuela, Ortega en Nicaragua, *Ley y Justicia* en Polonia, donde los autores intelectuales de la decadencia democrática llegaron al poder en elecciones más o menos libres y luego se sirvieron de las instituciones democráticas para retorcer la Constitución y las leyes de organización del Estado. Conecta este tema directamente con la teoría del liderazgo carismático de Weber.

Esos peligros de la neutralización del adversario por su condena al ostracismo democrático, de la colonización de las instituciones -Tribunal Constitucional, Consejo de Estado, Ministerio Fiscal– o de la rebaja de calidad de las garantías de independencia de los Poderes del Estado, deben focalizar el capítulo de escrúpulos.

El Ministerio Fiscal

Conviene recordar que el Ministerio Fiscal es un órgano de relevancia constitucional que está integrado con autonomía funcional en el Poder Judicial. Tiene como funciones promover la acción de la justicia en defensa de la legalidad, de los derechos de los ciudadanos y del interés público tutelado por la ley, de oficio o a petición de los interesados, así como velar por la independencia de los Tribunales y procurar ante éstos la satisfacción del interés social (artículo 124 de la Constitución Española y artículo 1 de la Ley 50/1981, reguladora del Estatuto Orgánico del Ministerio Fiscal, en adelante EOMF).

¿Qué significa que el Ministerio Fiscal está "integrado con autonomía funcional en el poder judicial"?

En mi opinión que forma parte del Poder judicial, que es Poder judicial, como revela su Estatuto Orgánico.

A diferencia de otros países, como Italia o Francia, donde rige el principio de unidad del sistema judicial, que está integrado por la Judicatura y la Fiscalía, no ocurre lo mismo en nuestra nación. En Italia, el órgano de gobierno de Jueces y Fiscales es único, el denominado Consejo Superior de la Magistratura, y es independiente del poder ejecutivo en todos los sentidos: funcional, orgánico y presupuestario. Los Jueces y Fiscales tienen un estatuto muy similar y se rigen por los mismos principios, entre los que no se encuentra el de jerarquía, que sí aparece como presupuesto básico de actuación uniforme del resto de Fiscalías del ámbito occidental.

En España, al igual que en otros Estados, como Alemania o Portugal, Fiscalía y Judicatura son entes diferenciados, en los que los Jueces cuentan con una mayor independencia organizativa y funcional, mientras que las Fiscalías dependen orgánica y presupuestariamente, del Gobierno a través del Ministerio de Justicia. Del mismo modo, aunque Jueces y Fiscales superamos la misma prueba de acceso, la formación inicial y continua de los Fiscales depende del Centro de Estudios Jurídicos del Ministerio de Justicia, mientras que la de los Jueces se realiza en la Escuela Judicial, dependiente del Consejo General del Poder Judicial.

La dependencia jerárquica termina en el fiscal general del Estado, no existe dependencia jerárquica respecto del ministro de

Justicia, ni por supuesto del presidente del Gobierno. Éstos tampoco pueden emitir órdenes al fiscal general del Estado.

El principio de dependencia jerárquica existe exclusivamente para garantizar la unidad de actuación del Ministerio Fiscal en todo el territorio nacional, siendo necesario para asegurar la seguridad jurídica y la igualdad de los ciudadanos ante la ley.

Repetimos que no existe dependencia jerárquica respecto del Gobierno. Aunque el Fiscal General del Estado sea nombrado por el Rey a propuesta del Gobierno (artículo 124.4 de la Constitución) y el artículo 8 del EOMF establezca que "El Gobierno podrá interesar del Fiscal General del Estado que promueva ante los Tribunales las actuaciones pertinentes en orden a la defensa del interés público", ni el presidente del Gobierno, ni el ministro de Justicia pueden dar órdenes o instrucciones de obligado cumplimiento al Fiscal General del Estado, ni a ningún miembro del Ministerio Fiscal. Es decir, promovida la actuación del fiscal ante los Tribunales por las autoridades citadas, el Fiscal General del Estado conserva autonomía suficiente e independencia real para resolver si actúa o no con sujeción exclusiva a los principios de legalidad y oportunidad. Nadie puede guiar los designios de su actuación y recursos existen en el ámbito estatutario para separarse de cualquier sugerencia que se aparte de la legalidad ordinaria y constitucional.

En orden a esta misma idea establece el artículo 55 EOMF: "Ningún miembro del Ministerio Fiscal podrá ser obligado a comparecer personalmente por razón de su cargo o función, ante las autoridades administrativas, sin perjuicio de los deberes de auxilio o asistencia entre autoridades. Tampoco podrá recibir ningún miembro del Ministerio Fiscal órdenes o indicaciones relativas al modo de cumplir sus funciones más que de sus superiores jerárquicos", y esta "jerarquía" acaba en el fiscal general del Estado.

Tradicionalmente, se ha criticado que debido a que el Gobierno propone al Fiscal General del Estado, siempre va a elegir a alguien con quien tenga afinidad política y que en el supuesto de ser necesario le guarde lealtad. No seré yo quien niegue que existe una sospecha más que fundada de que eso se produzca, por eso las tradicionales reivindicaciones de las asociaciones de fiscales y de toda la Carrera para que se reforme el sistema de nombramiento del fiscal general. Esta crítica se funda mucho más en la sospecha de parcialidad que se proyecta sobre la cabeza de nuestra institución, que en la efectiva vinculación que pueda tener con el Gobierno de turno. En cualquier caso, sería deseable que la elección se tuviese que realizar por una mayoría cualificada en el Congreso y que su mandato durase al menos 5 años, para que no coincidiese exactamente con los 4 que (en principio) dura el Gobierno que le hubiese nombrado.

Tan importante como el modo de elección del Fiscal General, que viene previsto en la Constitución, son las causas de cese, previstas en el artículo 31 EOMF, entre las que se encuentran: el incumplimiento grave o reiterado de sus funciones y el cese del Gobierno que lo hubiera propuesto. Éstas últimas se regulan en una Ley Ordinaria (el EOMF), que, a diferencia de la forma de nombramiento, puede reformarse mediante mayoría simple en el Congreso.

En el mismo sentido, si se modifican las causas de cese suprimiendo la que le vincula al Gobierno que le nombró, se fortalece la apariencia de independencia de esta figura, debido a que, en el supuesto de ser elegido por afinidad o previsible lealtad, durante todo el desempeño de su función puede desenvolverse con completa independencia. Además, en períodos de inestabilidad política supone una garantía de continuidad en el cargo.

Debemos significar que con la Ley 24/2007, de 9 de octubre, se reformó el sistema de nombramiento y cese del Fiscal General del Estado estableciendo nuevas garantías adicionales en su regulación, y respetando en todo caso el sistema de designación que se regula en el artículo 124 de la Constitución. En este sentido, el candidato a Fiscal General propuesto por el Gobierno, tras la preceptiva audiencia del Consejo General del Poder Judicial, deberá someterse a una comparecencia ante una Comisión del Congreso de los Diputados antes de ser nombrado por el Rey. Al tiempo, la introducción de causas objetivas de cese constituye una garantía del margen de autonomía del Fiscal General al desaparecer la libre decisión de cese sin causa por parte del Ejecutivo. Para garantizar la mayor autonomía del ministerio público en el ejercicio de sus funciones, se introduce la necesaria intervención de la Junta de Fiscales de Sala, máximo órgano asesor del Fiscal General en materia jurídica, siempre que el Fiscal General vaya a impartir instrucciones a sus subordinados en cualquier asunto que afecte a miembros del Gobierno, cualquiera que sea la posición procesal de éstos. En esta misma línea, se modifica el régimen de abstención de los Fiscales, de modo que la decisión de apartar o no al Fiscal General del Estado en estos casos se residencia en el interior del propio Ministerio Fiscal, en concreto en la Junta de Fiscales de Sala, aprovechando su condición de órgano colegiado de perfil esencialmente jurídico. Finalmente, se reafirma el carácter neutral y operativo de los órganos técnicos de la Fiscalía General del Estado, lo que supone incluir una expresa previsión legal de que los miembros de la Secretaría Técnica, la Unidad de Apoyo y la Inspección no puedan presentarse como candidatos a las elecciones al Consejo Fiscal.

Por otra parte, el principio de legalidad, que viene recogido en el artículo 6 de nuestro EOMF, supone que actuamos con sujeción exclusiva a la Constitución y a las leyes y no basándonos en criterios de oportunidad política, económica o de otra índole. Somos aplicadores del Derecho, con independencia de la opinión personal o profesional que nos merezcan las leyes, cuya aprobación y modificación compete al legislador. Esto es una garantía esencial de la separación de poderes, base de cualquier sistema democrático.

Respecto del principio de imparcialidad, establece el artículo 7 que el Ministerio Fiscal actuará con plena objetividad e independencia en defensa de los intereses que le estén encomendados.

Riesgos democráticos de la España actual

Bajo similares pautas, desde la excepcionalidad de la pandemia y la postración doméstica de la ciudadanía, venimos asistiendo en los últimos años al asalto del ejecutivo a todas las instituciones del Estado e incluso a los organismos regulatorios y las empresas con capital público, favoreciendo corruptas redes clientelares.

Se han desoído, desatendido o directamente prescindido de los informes del Consejo de Estado, cuando no forzado su sentido. Se ha demolido la imagen de imparcialidad del MF y la imparcialidad misma de la Institución, poniéndolo bajo la dirección de quien hasta el nombramiento como Fiscal General del Estado hubiera sido una de sus ministras, como ocurrió en Polonia. Y lo que es peor, se ha controlado directamente la institución mediante una unidireccional política de nombramientos que, despreciando los principios constitucionales de mérito y capacidad, ha situado en casi todos los puestos de jerarquía desde jefaturas de área a Fiscales de Sala, a miembros de la Unión Progresista de Fiscales. En efecto, 21 de los 30 miembros de la Junta de Fiscales de Sala pertenecen a esa minoritaria asociación profesional. La *ratio* resultante corre el riesgo de transformar la Junta de Fiscales de Sala de órgano asesor en órgano ratificador de las decisiones del Fiscal general del Estado.

El Ejecutivo español además se ha inmiscuido en otros poderes del Estado. Ha incidido invasivamente en las competencias y actuación del CGPJ. Primero, paralizándolo con la ley *exprés* 4/2021 que lo declaró en funciones cuando la CE solo prevé tal situación y consiguiente limitación de poderes para el Gobierno. En segundo lugar, volviendo a cambiar la norma por un procedimiento legislativo *exprés* para habilitar el nombramiento de magistrados del TC *por mayoría simple*, única de la que, a la sazón, disponía el Ejecutivo.

El cuanto al Parlamento ha visto disminuir la puridad de los procedimientos de elaboración de las leyes. Pese a protestas de los Letrados del Congreso, asistimos impávidos al abuso del Decreto Ley como fórmula legislativa ordinaria y contemplamos atónitos la figura del Decreto Ley-ómnibus, además de la normalización de la legislación mediante proposiciones de leyes que, por conflictivas y carentes de consenso que sean, se aprueban en trámite de lectura única prescindiendo de los informes de las Instituciones y organismos concernidos y, sobre todo, del debate parlamentario propio del procedimiento legislativo más riguroso en los regímenes democráticos.

Algunas de estas actuaciones y otras más recientes, se han defendido y se justifican en nombre de un fin superior: que no gobierne la derecha. Parecería que es mejor tender puentes que elevar muros de recelo e incomprensión. Debería resaltarse que el argumento de la postergación del representante político de pensamiento diferente y su elevación a fin superior legitimador de cualquier medio, constituye una derogación fáctica del pluralismo político como valor superior de nuestro ordenamiento, tan esencial al mismo como la justicia, la libertad o la igualdad e imbricado en esos mismos valores.

Frente a la cultura del enfrentamiento, debemos aspirar a una verdad distinta. Una verdad hecha de concordia, respeto, pluralidad, justicia y escudo de garantías que preserven la legalidad. Para Orwell el control sobre el relato de la historia y "la abrogación de la propia idea de verdad" que caracterizan a los regímenes totalitarios constituye una amenaza real para las democracias. Debe huirse de un relato oficial que retire del debate parlamentario las opiniones de los órganos consultivos que contribuyen a fortalecer la búsqueda del equilibrio y la defensa de valores asumidos por todos como básicos. El Ministerio Fiscal es piedra basilar en ese cometido. La dignidad de la carrera debe mostrarse resiliente frente a cualquier imposición que signifique asumir credos ideológicos. No pueden someterse los criterios de la verdad a la presión dominante de la imposición sugerente de la corrección política. Tampoco pueden aceptarse que las mentiras propagadas por los medios y soportes de la comunicación en redes sociales —noticias falsas- y los profundos cambios que la tecnología ha introducido con la explosión de la robótica y de la inteligencia artificial alteren el discurso de la verdad. Como dijera Todorov, que criticó con dureza el pensamiento neoconservador y ultraliberalismo de los actuales estados democráticos, "si tocamos el estatus de la verdad, ya no vivimos en una democracia liberal".

Aunque las teorías liberales de Kant y Rawls pretendieron separar del discurso público la idea de la verdad nos corresponde luchar por conservarla. La liturgia de la justicia es justicia. Las formas, sin fondo, son barrocas expresiones de fariseísmo, pero cuando el fondo existe, como valor reconocible de la comunidad, son manifestaciones de respeto a la verdad material.

En el fondo, la verdad nos hace libres (Juan, 8, 31-38) y la falsedad entorpece el juicio. Es por eso por lo que las instituciones que han conformado el espacio racional y compartido de

111

justificación social no pueden ceder ante la irrupción distópica de la desinformación y la ratificación.

En esa búsqueda de la verdad institucional sólida y no banalizada, la autonomía e independencia del MF, la preservación de la pureza del procedimiento parlamentario convertido en el reino de los proyectos de ley que desplace a las proposiciones de ley de su estatus de privilegio y la defensa de las garantías que eliminen la falsedad y el fraude son objetivos encontrados en el camino que perfecciona el Estado de Derecho.

Lawfare

El fenómeno del lawfare cuestiona el Estado de Derecho. Pretende revisar la verdad judicial. De la misma manera que no se acepta la verdad biológica y se altera con una declaración de voluntad registral o se modifica la verdad ancestral con leyes de Memoria Histórica que pretenden reordenarla, la tentación de eliminar la verdad llega hasta el ámbito judicial.

Como diría Silva Sánchez (*ABC*, 28 de mayo de 2023), "para la pretensión totalitaria del nominalismo voluntarista es fundamental obtener el poder político. Cuando lo alcanza, se advierte con claridad su aversión a cualquier frontera. Si no soporta las barreras representadas por la naturaleza humana y por la verdad histórica ¿acaso iba a aceptar los límites jurídicos al ejercicio del poder político?" Más adelante, en el mismo artículo, el referido autor, enseña que "este contexto hace inteligible el recurso a la expresión "judicialización de la política" y al anglicismo "lawfare", tan de moda en estos meses. Para quienes identifican la democracia con la voluntad de la mitad más uno, el Estado constitucional de derecho no es el marco de la política posible, sino un obstáculo a ella. Los jueces, que velan por el respeto de ese marco, se convierten en los personajes más aborrecidos; no en vano, son los "garantes de los límites". El objetivo final es la radical deslegitimación de cualquier razonamiento jurídico que se oponga al decisionismo político. Por lo tanto, con aquellos desdichados términos no se expresa otra cosa que la inquina a un poder judicial independiente".

En este punto, resulta igualmente significativo el origen inicuo de la expresión 'lawfare', que surge en los Estados Unidos para desacreditar a las instancias jurídicas internacionales de derechos humanos frente a las decisiones político-militares norteamericanas. Y pasa luego a ser utilizada por los gobiernos populistas de extrema izquierda en Suramérica para blindar las prácticas de corrupción frente a cualquier investigación judicial.

En el fondo subyace la idea por quien recurre al lawfare y quiere politizar la justicia de manifestar una permanente aversión totalitaria al Estado de derecho.

Las condenas del TS a los actores del "procés" no son sino la respuesta judicial obligada frente a las acciones previas investigadas, reales y probadas de malversación y sedición aplicadas a la subversión del orden constitucional.

No podemos, por ello, olvidar la historia del lawfare en España.

La situación actual en nuestro país parte de un acuerdo firmado en Bruselas el 9 de noviembre de 2023 entre el PSOE y Junts per-Catalunya en el que el segundo de los partidos políticos cede al primero la investidura, es decir, el acuerdo de gobierno a cambio del perdón de determinados delitos, que incluyen la corrupción, el terrorismo y el blanqueo de capitales. Se trata de delitos cometidos durante el denominado "procés" independentista catalán por los Consejeros del Govern, que traicionando la lealtad constitucional y malversando los fondos públicos de todos los españoles, desobedecieron hasta la denostación al TC y sus sentencias, autos y requerimientos personales, utilizando el Parlamento catalán para dictar leyes de desconexión que proclamaron la independencia de Cataluña y derogaron la vigencia de la CE en esa comunidad autónoma, tras la celebración de un referéndum ilegítimo y el alzamiento violento contra el orden constitucional.

Pues bien, en nuestro caso, el lawfare que dimana del acuerdo citado presupone establecer un discurso público basado en una relectura –sustitución de la verdad judicial por la falsedad ideológica-, de los juicios celebrados y pendientes de celebración como consecuencia de los violentos disturbios provocados en Cataluña en 2017.

Nada importa que la sentencia del Tribunal Supremo 459/2019, de 14 de octubre, después de un juicio público transmitido por todos los medios de comunicación internacionales, que fuera ejemplo de transparencia, condenara a los altos cargos políticos del Gobierno autónomo de Cataluña, con excepción de los que habían salido del territorio español, a severas penas por delitos que incluyen formas de corrupción política como lo son los delitos de malversación, sedición y desobediencia

Frente a esa verdad judicial, inmutable y limpia, el discurso político convierte en culpables de lo sucedido a los defensores del estado de derecho agitando la bandera del lawfare, mientras convierte en inocentes perseguidos a los políticos y civiles condenados por los ataques violentos al Estado de Derecho.

En ese intento de destruir al estado de Derecho se encontrará siempre la oposición del Ministerio Fiscal, que es quien preserva la verdad judicial y vela por la independencia de jueces y tribunales promoviendo el respeto a la legalidad democrática y constitucional.

Entiende Pérez Sánchez que, con el turbio manejo de la ingeniería fake de la verdad judicial, "la pretensión consiste en hacer ver que los jueces y tribunales han actuado movidos por motivaciones políticas y en contra de determinadas ideologías, de tal manera que los procesos judiciales y las condenas pronunciadas no se deben a la aplicación de las leyes sino a una persecución política". Mas, en definitiva, esa aritmética del caos institucional rezuma odio por la verdad judicial y por el poder desemascarador del Estado de Derecho, revelando la permanente aversión totalitaria al estado de derecho que anima a sus fervorosos seguidores.

La esperanza del progreso humano descansa en la verdad y en la verdad reposa la fortaleza del Estado de Derecho. En esa lucha por la verdad, la democracia, la independencia del poder judicial, la transparencia de los hábitos parlamentarios y la verdad constitucional estará siempre el Ministerio Fiscal, moderno aedo que canta las gestas de la Constitución y el Derecho.

Y es que, con galdosiana expresión, entre los muertos habrá siempre una lengua viva para gritar que el Estado de Derecho y sus jueces y fiscales no se rinden.

INTERVENCIONES
EN LOS COLOQUIOS

COMENTARIOS AL HILO DEL SEMINARIO JURÍDICO

ANDRÉS ARNALDOS [*]

Me atrevo a hacer estas apreciaciones:

- el magnífico nivel de los ponentes, por su calidad y su cualificación, extraordinarias

- quizás faltaron consideraciones más allá del derecho positivo, de carácter ético, moral, etc., que deben informar el ordenamiento jurídico y que yo echo en falta de manera sobresaliente en las leyes que se promulgan en los últimos años, especialmente en la época más reciente, cuando se abordan cuestiones de calado

- como, por ejemplo, en la Ley de Amnistía -o Ley de Impunidad, como sería más adecuado- en torno a la cual me temo que nos estamos quedando, y quizás "perdiendo", en un análisis jurídico sobre su conformidad o no a la Constitución de 1978, cuando hay referencias más fundamentales: es una ley que atenta contra los principios esenciales de todo ordenamiento jurídico y de toda democracia (no solo contra la Constitución vigente): la igualdad de todos ante la ley, la separación de poderes y la independencia del poder judicial, entre ellos. Es la ley

[*] Abogado. Director del despacho Arnaldos y asociados

de la desvergüenza y de la inmoralidad más absolutas. Es una ley injusta, que es lo peor que se puede predicar de una norma y que la descalifica en términos absolutos. Y, en otro orden de cosas, es una ley que rompe íntegramente con el contrato electoral, entendido como los compromisos asumidos en los programas electorales con el ciudadano, que no tiene valor alguno. Solo muy tímidamente se ha perseguido ante los tribunales ese incumplimiento, con nula trascendencia, y no precisamente en España

- hice referencia al espíritu de la Transición, pero breve, porque el protagonismo es de los ponentes. Pensamos entonces -quizás ingenuamente- que la lealtad tenía que presidir ese paso de un régimen a otro. Esa lealtad hace ya tiempo que se esfumó y, en los últimos años, ha desaparecido por completo. Me refiero a la lealtad entre poderes, entre instituciones, entre el Estado y las Comunidades autónomas...

- en la Transición -no tanto en la Constitución- se puso en los partidos políticos un poder que, con el tiempo, se ha convertido en tiranía. Lejos de autolimitarse y aceptar el juego del equilibrio y contrapeso de otros poderes, se ha llevado al extremo de que todo se ha concentrado en el Ejecutivo, que ha anulado totalmente al Legislativo y que no tiene empacho en intentar terminar controlando el Poder Judicial. (Conviene recordar que la renovación del Consejo General del Poder Judicial, CGPJ, estuvo bloqueada desde diciembre de 2018 hasta julio de 2024 como consecuencia de los resultados de las elecciones generales de noviembre de 2019 y julio de 2023, en las que ningún partido obtuvo mayoría absoluta y se sucedieron durante cinco años y medio las negociaciones fallidas al tiempo en que el Ejecutivo promovía un cambio -otro más- en la forma de elección de los vocales, rebajando sustancialmente los quórum necesarios y, tras las advertencias severas de Bruselas, optó por rebajar temporalmente su apetito y quitar al CGPJ la facultad de hacer nombramientos en los órganos judiciales, singularmente en los que afectaban a su gobierno, lo que no tenía otra explicación que la de intentar "colocar" a profesionales que considerase afines o claramente afectos. La privación de esta facultad perjudicó claramente la función constitucional de juzgar y hacer ejecutar lo juzgado al no proveer el nombramiento de unos 50 magistrados del Tribunal Supremo, de un total de 80, por ejemplo[1].)

- el sistema de listas cerradas y bloqueadas para las elecciones al Congreso ha cercenado sustancialmente el acceso de los mejores a la política. Y no confundo "los mejores" con los que tienen un CV con más títulos académicos. Pero, si el que quiere captar la confianza de sus electores no responde ante ellos de manera directa, llegamos al punto en el que estamos: solo hay que ganarse el favor del caudillo. (El Sr. Guerra, que ahora anda crítico con su partido, fue el primero que dijo aquello de que "el que se mueve no sale en la foto". Y mató a Montesquieu). Y es cierto que durante la Transición preocupó mucho que los partidos no controlaran los procesos electorales, preocupación que pudo tener todo el sentido cuando se estaba saliendo de un régimen autoritario. Los diputados no responden a la ciudadanía,

---

[1] En el momento de escribir este texto (febrero de 2025), vale la pena mencionar la defensa de la independencia que está haciendo el actual CGPJ y, singularmente su presidenta; el consenso que está presidiendo los nombramientos que se vienen produciendo y la dificultad de acordar un nuevo modelo de elección de sus vocales, lo que indica que el tema sigue siendo complejo, sin duda por la dificultad de presentar al actual Ejecutivo un sistema que pudiera asumir, en el que no pueda meter toda la baza que quisiera, es decir, toda. El autoritarismo rampante que nos gobierna -lo de iliberal es una expresión desafortunada- no permitirá que se le hurte meter su zarpa en el Poder Judicial, ya desde la base, con los cambios que se pretende introducir en el acceso a la carrera.

sino a quienes controlan los partidos políticos, últimamente una sola persona. Y eso por no hablar de que no están sometidos a mandato imperativo alguno, precepto constitucional que desconocen o desprecian

- no existe límite mínimo de porcentaje de voto, en cómputo nacional, que limite el acceso al Congreso. Consecuencia cuando ni unos ni otros tienen referencias éticas elementales: la gobernabilidad depende de minorías que carecen del más mínimo respeto a la ley, a la moral o al orden público y, por supuesto, no defienden, en absoluto, el interés general. Conviene, en este orden, hacer una lectura crítica de las sentencias constitucionales que han permitido la existencia de ciertos partidos políticos

- eché en falta propuestas ante la muy critica situación actual; es complicado, pero hay que buscarlas. Quizás venga a cuento, y es lo único que se me ocurre ahora: "aunque pueda parecer (ser) muy extraño, el único lugar por donde hay que empezar es por uno mismo" (Havel, que llegó a presidente de su país).

Reitero mi agradecimiento por la magnífica jornada.

COMENTARIOS SOBRE ALGUNOS ASPECTOS DEL SEMINARIO JURÍDICO: REGENERACIÓN DE ÓRGANOS CONSTITUCIONALES Y SEPARACIÓN DE PODERES

JOAQUÍN VIVES DE LA CORTADA
FERRER-CALBETÓ*

"La democracia, al igual que los derechos humanos y el Estado de Derecho, no se adquiere de una vez para siempre. Hay que luchar por ella todos los días" (Síofra O'Leary, Presidenta del Tribunal Europeo de Derechos Humanos)

Introducción

El pasado mes de noviembre, se celebró en las dependencias del Colegio Mayor San Pablo–CEU, el XXV Seminario, correspondiente al Capítulo Jurídico, organizado por el Centro de Estudios, Formación y Análisis Social (CEU-CEFAS) y la Asociación para el Estudio de la doctrina social de la Iglesia (AEDOS).

---

* Jefe del Gabinete de la Presidencia del Tribunal Constitucional

El título del mencionado XXV Seminario fue: "*Regeneración de Órganos Constitucionales y Separación de Poderes*" y en las palabras de introducción al mismo, que figuran en el programa, se habla de reflexionar e intercambiar ideas sobre dos aspectos fundamentales de nuestra organización política e institucional: la crisis de la separación de poderes y la generalización de unas determinadas prácticas en los nombramientos para acceder a determinadas Instituciones básicas del Estado de Derecho, en las que no parece primar la excelencia o el prestigio de la Institución.

Ambos aspectos, en mi opinión, están muy relacionados entre sí y, en cierto modo, tienen un gran protagonismo en el panorama político actual, por lo demás, muy preocupante, dado el nivel de polarización existente hoy en nuestro país.

Se pueden observar hoy dos "bloques" en la confrontación política española: el llamado bloque de la derecha, articulado en torno al Partido Popular, Vox y algún otro partido conservador de corte regional y el "bloque de la izquierda", formado en torno al Partido Socialista, Sumar, Podemos y los partidos regionales independentistas y nacionalistas, básicamente.

Estos dos bloques políticos han roto todos los puentes de comunicación entre ellos. No hablan, no negocian, no atienden a los intereses generales de los españoles. Sólo se increpan, se insultan y se descalifican mutuamente.

En el centro de esa "polarización" o confrontación política encarnizada, a modo de agujero negro que todo lo devora, está el tema catalán, el "*procès*". Para unos, la solución al "desafío" catalán ha de ser la judicial, actuando penalmente contra sus líderes. Para otros la solución no puede ser otra que el fruto de una negociación política.

Entre los primeros, destacadamente, las fuerzas políticas integradas en el bloque de la derecha, pero no sólo. El representante del Poder Judicial y de su órgano de gobierno y primera autoridad judicial de la Nación, en el discurso de apertura del año judicial 2022-2023, afirmó que la actuación de los Jueces a raíz de las querellas presentadas en noviembre de 2017 por la Fiscalía General del Estado "*sirvieron para preservar nuestra convivencia y garantizar la primacía de nuestra Constitución*".

Entre los segundos, claramente, los integrantes del bloque de la izquierda, si bien es verdad que el Partido Socialista se ha ido moviendo en este tema de una forma errática, más pendiente de conservar el Gobierno que de mantener una posición coherente al respecto.

Para estos últimos, la solución al conflicto catalán, como hemos dicho antes, solo puede ser el fruto de una negociación política. Los partidarios de esta solución rechazan que la actuación judicial sirviera para pacificar el conflicto catalán y acusan a los Jueces de *lawfare* (guerra judicial) y de no ser imparciales.

Como quiera que quien gobierna hoy en España y tiene la mayoría en el Congreso de los Diputados es el bloque de la izquierda, a nadie debería extrañar que, desde esa perspectiva política, se hayan concedido los indultos y ahora se impulse la amnistía, porque son movimientos que se encuadran dentro de la solución política.

Antes de que estallara el tema catalán en toda su crudeza, el Tribunal Constitucional, intérprete supremo de la Constitución, que no es Poder Judicial y que es independiente de los demás órganos constitucionales, en una de las primeras sentencias recaídas en este tema, la 42/2014, de 15 de marzo, afirmó:

*(…) **la primacía de la Constitución no debe confundirse con una exigencia de adhesión positiva a la norma fundamental**, porque en nuestro ordenamiento constitucional **no tiene cabida un modelo de "democracia militante"**, esto es, un "modelo en el que se*

*imponga, no ya el respeto, sino la adhesión positiva al ordenamiento y, en primer lugar, a la Constitución" (STC 48/2003, FJ 7; doctrina reiterada, entre otras, en las SSTC 5/2004, de 16 de enero, FJ 17; 235/2007, FJ 4; 12/2008, FJ6 y 31/2009, de 29 de enero, FJ 13). Este Tribunal ha reconocido que tienen cabida en nuestro ordenamiento constitucional cuantas ideas quieran defenderse y que "**no existe un núcleo normativo inaccesible a los procedimientos de reforma constitucional**" (entre otras, STC 31/2009, FJ 13).*

El planteamiento de concepciones que pretendan modificar el fundamento mismo del orden constitucional tienen cabida en nuestro ordenamiento constitucional, *siempre que no se prepare o defienda a través de una actividad que vulnere los principios democráticos, los derechos fundamentales o el resto de los mandatos constitucionales, y el intento de su consecución efectiva se realice* **en el marco de los procedimientos de reforma de la Constitución,** *pues el respeto a estos procedimientos es, siempre y en todo caso, inexcusable (STC 103/2008, FJ 4).* (La negrita corresponde al autor de estas líneas).

Desde fuera de nuestro país, también se han escuchado opiniones y comentarios en relación con el conflicto de Cataluña.

La Asamblea del Consejo de Europa, en el año 2021, afirmó que "la utilización de procesos penales basados en crímenes de rebelión y sedición, obsoletos y excesivamente amplios, para abordar lo que en realidad es un problema político que debería resolverse por medios políticos, bien puede ser contraproducente ya que convierte a los políticos en héroes o mártires".

Para el Consejo de Europa, quizás el diálogo inclusivo y abierto sea un mejor medio que el judicial para convencer al pueblo catalán de que permanecer en España es su mejor opción.

Sin dejar el Consejo de Europa, su órgano consultivo, la Comisión de Venecia, en un dictamen conocido estos últimos días, también ha considerado legítima la solución política y la amnistía como vías de reconciliación social y política, si bien es verdad que, en lo fundamental, ha reclamado un consenso mucho más amplio que el actual y un diálogo constructivo entre las formaciones políticas españolas.

El Poder Judicial en España

A la hora de hablar del Poder Judicial español, me parece adecuado empezar por aclarar que se trata de un Poder que corresponde "exclusivamente" a los Jueces y Magistrados *"juzgando y haciendo ejecutar lo juzgado"*.

Otros órganos constitucionales, como el Ministerio Fiscal o la Policía Judicial se "integran", con autonomía funcional, en el Poder Judicial regulado en el Título VI de la Constitución, pero no son Poder Judicial porque ni juzgan, ni hacen tampoco ejecutar lo juzgado.

Así pues, Poder Judicial son únicamente los Jueces y Magistrados en activo, ya estén al frente de órganos judiciales unipersonales (Juzgados), ya estén integrados en órganos colegiados (Tribunales, Audiencias o Salas de Justicia).

Estos Jueces y Magistrados, conforme al artículo 117.1 de la Constitución española, son los que integran el Poder Judicial y los que administran, en nombre del Rey, la Justicia que, como el resto de los poderes del Estado, emana del pueblo soberano, conforme al artículo 1.2 de nuestra Carta Magna.

La propia Constitución española garantiza la independencia, inamovilidad y responsabilidad de los Jueces españoles, que únicamente están *"sometidos al imperio de la ley"*, que es la norma dictada por el Parlamento o las Cortes, aprobada con este nombre y siguiendo el procedimiento legislativo establecido en los Reglamentos de las Cámaras, que contiene mandatos y ocupa una posición jerárquica inmediatamente inferior a la Constitución y superior a las demás normas jurídicas.

El acceso a la Carrera Judicial, como es comúnmente sabido, se produce fundamentalmente por medio del sistema de oposición libre, sin perjuicio de que también se puede acceder por medio de los llamados cuarto y quinto turno, reservados a juristas de reconocido prestigio.

Una vez en la Carrera Judicial, los Jueces y Magistrados españoles van ascendiendo en función de su antigüedad, especialidad y de sus preferencias, pero hay un conjunto de plazas, que se han venido en denominar la "**cúpula judicial**", a las que se accede únicamente por el sistema de "**nombramientos discrecionales**" del Consejo General del Poder Judicial.

Esas plazas son las de Presidente y Vicepresidente del Tribunal Supremo, Presidentes de Sala del Tribunal Supremo, Magistrados del Tribunal Supremo, Presidente de la Audiencia Nacional, Presidentes de Sala de la Audiencia Nacional, Presidentes de los Tribunales Superiores de Justicia y Presidentes de sus Salas y Presidentes de las Audiencias Provinciales.

Esas plazas son cubiertas mediante nombramientos discrecionales que hace el Pleno del Consejo General del Poder Judicial con unos *quórums* que, en los últimos años, han cambiado, pasando de la mayoría simple (el que obtiene más votos, sistema que rigió desde enero de 2014 hasta enero de 2019, es decir, durante el período constitucional de cinco años del Consejo nombrado en diciembre de 2013), a la mayoría cualificada.

A partir de enero de 2019, se vuelve al sistema de mayoría absoluta (la mitad más uno de los miembros presentes), con la excepción del Presidente del Tribunal Supremo y del Consejo General del Poder Judicial, los Presidentes de Sala y Magistrados del Tribunal Supremo y Presidentes de la Audiencia Nacional y de los Tribunales Superiores de Justicia, en cuyo caso, el *quorum* exigido es de tres quintos de los miembros presentes (en el caso del Presidente del Tribunal Supremo y del Consejo General del Poder Judicial, el *quorum* exigido es de tres quintos de los miembros del Pleno, sin distinción de si están presentes o no lo están).

Así pues, la entrada en escena del Consejo General del Poder Judicial nos obliga ahora a detenernos un momento en este importante órgano constitucional y a analizar su composición.

El Consejo General del Poder Judicial

La elección de los Vocales Judiciales (12) que integran el Consejo General del Poder Judicial (CGPJ), es un asunto polémico desde la promulgación de la Ley Orgánica del Poder Judicial de 1985 (LOPJ).

Como es sabido, la Constitución española estableció que 12 de los 20 Vocales de los que se compone el CGPJ, tenían que ser Jueces y Magistrados de todas las categorías judiciales, pero, a diferencia de los 8 Vocales juristas, no estableció expresamente el modo de elección de los Vocales judiciales. La LOPJ de 1985 determinó que los 20 Vocales fueran elegidos por las Cortes Generales, a razón de 10 el Senado y 10 el Congreso.

Este extremo de la LOPJ, entre otros, fue recurrido ante el Tribunal Constitucional que, en una sentencia interpretativa dijo cosas muy interesantes y que vienen muy al caso.

En el fundamento jurídico 13 de dicha resolución, a la hora de interpretar el artículo 122.3 de la Constitución, según su espíritu y finalidad, se puede leer:

(…). El fin perseguido es, de una parte, el de __asegurar la presencia en el Consejo de las principales actitudes y corrientes de opinión existentes en el conjunto de Jueces y Magistrados__ en cuanto

*tales, es decir, **con independencia de cuales sean sus preferencias políticas como ciudadanos** y, de la otra, equilibrar esta presencia con la de otros juristas que, a juicio de ambas Cámaras, puedan expresar la proyección en el mundo del Derecho de otras corrientes de pensamiento existentes en la sociedad. **La finalidad de la norma sería** así, cabría afirmar de manera resumida, la de **asegurar que la composición del Consejo refleje el pluralismo existente en el seno de la sociedad y, muy en especial, en el seno del Poder Judicial.** Que esta finalidad **se alcanza más fácilmente atribuyendo a los propios Jueces y Magistrados la facultad de elegir a doce de los miembros del CGPJ** es cosa que ofrece poca duda; pero ni cabe ignorar el **riesgo**, también expresado por algunos miembros de las Cortes que aprobaron la Constitución de que **el procedimiento electoral traspase al seno de la Carrera Judicial las divisiones ideológicas existentes en la sociedad** (con lo que el efecto conseguido sería distinto del perseguido) ni, sobre todo, puede afirmarse que tal posibilidad se vea absolutamente negada al adoptarse otro procedimiento y, en especial, el de atribuir a las Cortes la facultad de propuesta de los miembros del Consejo procedentes del Cuerpo de Jueces y Magistrados, máxime cuando **la Ley adopta ciertas cautelas, como es la de exigir una mayoría calificada de tres quintos en cada Cámara** (art. 112.3 LOPJ). Ciertamente, **se corre el riesgo** de frustrar la finalidad señalada de la Norma constitucional si las Cámaras, a la hora de efectuar sus propuestas, **olvidan el objetivo perseguido y, actuando con criterios admisibles en otros terrenos, pero no en éste, atiendan sólo a la división de fuerzas existente en su propio seno y distribuyen los puestos a cubrir entre los distintos partidos, en proporción a la fuerza parlamentaria de éstos.** La lógica del Estado de partidos empuja a actuaciones de este género, pero esa misma lógica obliga a **mantener al margen de la lucha de partidos ciertos ámbitos de poder y, entre ellos, y señaladamente, el Poder Judicial.***

*La existencia y aun la probabilidad de ese riesgo, creado por un precepto que hace posible, aunque no necesaria, una actuación contraria al espíritu de la Norma constitucional **parece aconsejar su sustitución**, pero no* *es fundamento bastante para declarar su invalidez, ya que es doctrina constante de este Tribunal que la validez de la ley ha de ser preservada cuando su texto no impida una interpretación adecuada a la Constitución. Ocurriendo así en el presente caso, pues el precepto impugnado es susceptible de una interpretación conforme a la Constitución y no impone necesariamente actuaciones contrarias a ella, procede declarar que este precepto no es contrario a la Constitución.* (La negrita y el subrayado son del autor de estos comentarios)

De estos párrafos de la sentencia del Tribunal Constitucional 108/1986, de 29 de julio, es importante señalar las siguientes ideas:

a) La **finalidad de la norma**, es decir, la que atribuye a las Cortes Generales la facultad de proponer a los 20 Vocales del CGPJ, incluidos los 12 judiciales, a razón de 10 el Congreso y 10 el Senado), es la de asegurar que en el seno del órgano de gobierno de los Jueces españoles tengan cabida todas las actitudes y corrientes de opinión existentes en la Carrera Judicial o, en otras palabras, asegurar que **la composición del CGPJ refleje el pluralismo existente en el seno de la sociedad y, muy especialmente, en el seno del Poder Judicial**.

b) Sin embargo, **ese pluralismo no tiene que basarse en las preferencias políticas** de los Jueces y Magistrados en tanto que ciudadanos, sino en sus opiniones concretas en relación con los temas que afecten a la Carrera Judicial, aunque tampoco se descarta que en el CGPJ se refleje el pluralismo de la sociedad y del propio Poder Judicial, lo que, ciertamente, hace muy difícil desconectarlo del mundo político.

c) El propio Tribunal Constitucional considera que **los riesgos que conlleva el sistema de elección parlamentaria aconsejan su sustitución** y no duda de que la finalidad de la norma se atiende mejor con el sistema de elección judicial, es decir, que los 12 Vocales Judiciales sean elegidos por sus pares.

d) **Dentro de los riesgos** a los que alude el Tribunal de Garantías, destacan dos, aunque muy interrelacionados: que **la elección parlamentaria no se haga buscando un consenso** sobre la calidad y prestigio de los candidatos, sino **atendiendo únicamente a la fuerza parlamentaria que cada grupo** tenga en ese momento y que se lleve la legítima lucha de partidos a ciertos ámbitos de poder **que tienen que estar al margen** y, entre ellos, señaladamente, el **Poder Judicial.**

Ya hemos dicho antes que esta sentencia que acabamos de reseñar pertenece a la categoría de las llamadas sentencias "interpretativas", es decir, de aquellas sentencias que (si se me permite la expresión) se *agarran* a que el texto examinado, interpretado en la forma en que lo hace el Tribunal Constitucional, no es inconstitucional porque no impone necesariamente actuaciones contrarias a nuestra Carta Magna.

Sin ánimo de profundizar excesivamente en la ejecución de esta sentencia del Tribunal Constitucional, es procedente traer a colación una anécdota muy reveladora.

La redacción final del artículo 112.3 LOPJ, que, como hemos visto, atribuía a las Cortes Generales la elección de la totalidad de los Vocales del CGPJ, obedeció a una enmienda (la 25 al artículo 124 del proyecto) que el Diputado Juan María Bandrés introdujo en el debate parlamentario sobre la LOPJ.

Según el autor de la enmienda, la exigencia de mayorías cualificadas era una **invitación al consenso democrático** para designar a los "mejores". Sin embargo, la realidad desmintió tan loables aspiraciones y en un artículo publicado en el periódico *"El País"* en octubre de 1990, titulado *"**Yo tuve la culpa**"*, el propio Diputado Bandrés, entre otros lamentos, afirmó que el propósito de su enmienda "nada tiene que ver con este grosero y ramplón **reparto de la tarta del poder judicial**, incluida la guinda presidencial".

Así pues, en el ya lejano año 1990, todos los riesgos que había apuntado el Tribunal Constitucional cuatro años antes con el sistema de elección parlamentaria se habían materializado y la tan temida introducción de la "**lucha de partidos políticos en el seno del Poder Judicial**" se había hecho realidad y todo ello "a la vista, ciencia y paciencia" de los distintos actores políticos, a un lado y otro del espectro parlamentario, que han ido aceptando y protagonizando el reparto de la "tarta judicial" hasta nuestros días.

Pero había un riesgo aún mayor que el advertido por el Tribunal Constitucional. Me refiero ahora a los propios integrantes de la Carrera Judicial, a los Jueces y Magistrados españoles.

Como ocurre en cualquier otra profesión u oficio, los Jueces y Magistrados españoles tienen sus legítimas aspiraciones de alcanzar las más altas cotas dentro de la organización judicial. En cierto modo, la aspiración de culminar la trayectoria judicial individual, ocupando una plaza en el Tribunal Supremo o una presidencia de tribunal es algo muy natural, aunque también es verdad que no todos los Jueces y Magistrados tienen estas aspiraciones.

Pero ocurre que estos nombramientos para cubrir las vacantes que se producen en las más altas esferas de la Judicatura española, lo que hemos llamado la "cúpula judicial", corresponde hacerlos al CGPJ y ya hemos visto qué es lo que ocurre con este órgano constitucional y cómo la "lucha partidista" ha penetrado en él desde hace ya muchos años y ha condicionado su actuación.

Para evitar arbitrariedades, amiguismos y cercanías ideológicas en el CGPJ, a la hora de hacer este tipo de nombramientos, se promulgó un **Reglamento de "nombramientos discrecionales"**, en el año 2010, donde se establecían una serie de criterios para llevarlos a cabo. Así, los méritos que había que ponderar están perfectamente establecidos y "ordenados" en los preceptos de dicha norma, tanto para cargos estrictamente jurisdiccionales, como para cargos gubernativos o mixtos.

Sin embargo, en mi opinión, estos criterios han sido sistemáticamente ignorados por el CGPJ sin que, por lo demás, haya habido consecuencia alguna. La Jurisprudencia del Tribunal Supremo sobre esta cuestión ha sido fluctuante y ha terminado por claudicar ante la "amplia discrecionalidad" que el CGPJ tiene en este ámbito, llegando incluso a validar una "ponderación en conjunto" de los méritos, muy alejada del orden de valoración que estableció el Reglamento de 2010, haciendo prevalecer, no pocas veces, los méritos complementarios por delante de los considerados preferentes.

Las asociaciones judiciales

Otro factor que, sin duda, hay que incluir en la ecuación es la existencia e influencia de las asociaciones judiciales y su vinculación con los partidos políticos. Este extremo es, a mi modo de ver, enormemente importante.

A partir de la sentencia del Tribunal Constitucional de julio de 1986, curiosamente, empezaron a proliferar asociaciones judiciales llamadas a liderar esas distintas sensibilidades de las que hablaba el Tribunal de Garantías.

La Constitución española, en su artículo 127.1, dispone que:

*Los Jueces y Magistrados, así como los Fiscales, mientras se hallen en activo, no podrán desempeñar otros cargos públicos, **ni pertenecer a***

partidos políticos *o sindicatos. La Ley establecerá el sistema y modalidades de asociación profesional de los Jueces, Magistrados y Fiscales.*

Sin embargo, la cercanía o incluso la vinculación de algunas asociaciones judiciales con los postulados políticos de los partidos existentes, es muy evidente, con lo que, en estos casos, aunque sea de una forma indirecta, se quiebra la necesaria "imparcialidad política", que está ínsita en este precepto constitucional.

La prueba más evidente de lo que digo es que no son pocos los Jueces españoles que han ocupado cargos políticos de primer nivel y, lo que es mucho peor, han vuelto luego a la Carrera, haciendo trizas la imagen de imparcialidad e independencia que debe tener la Justicia y sus Administradores. Los ejemplos de Ministros, Secretarios de Estado y Altos Cargos provenientes de la Carrera Judicial son tan abundantes que están en la mente de todos y no necesitan cita.

Así pues, enlazando con lo anterior, parece claro que hoy en día el "camino" que deben recorrer los Jueces y Magistrados españoles para alcanzar los puestos más importantes de la Carrera Judicial, ya sean estrictamente jurisdiccionales, ya sean gubernativos, incluidas las Vocalías del CGPJ, no es un camino que discurra exclusivamente por los cauces del mérito y capacidad, reveladores de una excelencia en el "estricto ejercicio de la función jurisdiccional" o de una acreditada experiencia en el ámbito gubernativo, sino que es un camino en el que "lo político" tiene mucho peso, excesivo, en la progresión profesional de nuestros Jueces y Magistrados.

Y si eso es así, se incurre en otro de los grandes riesgos advertidos por el Tribunal Constitucional consistente en que la progresión dentro de la Carrera Judicial no puede basarse en las "preferencias políticas" de los Jueces y Magistrados, en tanto que ciudadanos, sino en la excelencia en el estricto ejercicio de la función y jurisdiccional y en las opiniones y posturas que tengan en relación con los temas y cuestiones que afectan al Poder Judicial, a su propia organización y optimización y también a su independencia e imparcialidad.

Si las "preferencias políticas" de los Jueces y Magistrados, en tanto que ciudadanos españoles, canalizadas muchas veces a través de su pertenencia a las distintas asociaciones judiciales de fuerte adscripción ideológica y política, tienen peso en su "progresión profesional", entonces se hace evidente que podemos hablar sin tapujos de una Justicia "politizada". Y esa politización, como hemos visto, se refleja fundamentalmente tanto en el ámbito de las asociaciones judiciales, adscritas ideológicamente a la derecha o a la izquierda del espectro político, como también en la llamada "cúpula judicial", a la que se accede muchas veces más por la pertenencia a una u otra asociación judicial, que por la excelencia en el estricto ejercicio de la jurisdicción.

Llegados a este punto, también se hace necesario señalar que los Jueces y Magistrados en cuyo progreso han influido, incluso decisivamente, sus preferencias políticas o ideológicas plasmadas muchas veces en la ocupación de puestos políticos o administrativos previos, a la hora de poner sentencias y resoluciones con un trasfondo político, no necesariamente van a priorizar esas mismas preferencias políticas por encima de una interpretación imparcial y aséptica del ordenamiento jurídico. Eso ya queda en la conciencia de cada Juez o Magistrado. Pero lo que es indudable es que, desde el punto de vista de la sociedad en general, si un determinado Juez pertenece a una determinada asociación o ha sido nombrado con el apoyo de un sector del CGPJ elegido, a su vez, por un determinado partido político, resulta claro que sus sentencias o resoluciones siempre se interpretarán en sentido político, especialmente cuando sean favorables a los partidos políticos que estuvieron detrás de su designación o a cuyos postulados estén más cerca las asociaciones judiciales a las que pertenezca el Magistrado en cuestión.

En mi opinión, esto es de una extrema gravedad porque, sea cual sea la calidad jurídica de la resolución que dicte el Juez o Magistrado de que se trate, la lectura de la misma siempre se va a hacer en clave política.

Además, como se ha denunciado ya en algunos foros, los Jueces y Magistrados que son promovidos sin tener el mérito y la capacidad suficiente o con bastantes menos méritos que algunos de sus competidores, son mucho más dados al agradecimiento a sus mentores, que los que realmente merecen el puesto, que no tienen que agradecer nada a nadie (más bien lo contrario), ya que han sido promovidos por su valía personal y no por el favor de nadie.

A esa imagen de politización de la Justicia contribuyen decisivamente también los líderes políticos y sus adláteres que, sin empacho alguno, acusan a los Jueces y Magistrados de favorecer a uno u otro bloque, acusaciones amplificadas por los medios de comunicación que terminan por proyectar a la sociedad española la imagen de un Poder Judicial politizado en su conjunto o totalidad y no sólo en su cúpula, lo que es muy injusto porque más del 90 por ciento de los Jueces y Magistrados españoles son totalmente ajenos a estas intrigas políticas y se dedican abnegadamente a su trabajo, muchas veces sin contar con los medios necesarios para ello.

El quinto turno

Pero hay otro extremo que no debe pasarse por alto, en mi opinión, que es la presencia de miembros de otros Cuerpos del Estado, sobre todo en las Salas Segunda y Tercera del Tribunal

Supremo, es decir, la cobertura de las plazas correspondientes al llamado "quinto turno".

El artículo 343 LOPJ dispone:

*"En las distintas Salas del Tribunal (Supremo), de cada cinco plazas de sus Magistrados, cuatro se proveerán entre miembros de la Carrera Judicial con diez años, al menos, de servicios en la categoría de Magistrado y no menos de quince en la Carrera, y la quinta **entre Abogados y otros juristas, todos ellos de reconocida competencia**".*

En parecidos términos se expresa el artículo 122.3 de la Constitución Española, cuando dice que los 8 Vocales juristas que han de ser elegidos por mayoría de tres quintos, a razón de cuatro el Congreso y cuatro el Senado, lo serán **entre Abogados y otros juristas**, todos ellos de reconocida competencia y con más de quince años de ejercicio en su profesión.

Parece claro, pues, que tanto la LOPJ como la propia Constitución, a la hora de enriquecer el funcionamiento tanto del CGPJ, como del Tribunal Supremo, con la visión y la experiencia de personas ajenas al mundo judicial se inclina (y así lo dice expresamente) por los **"abogados"**, sin descartar "otros juristas". Podríamos decir, en este sentido, que la "regla" tendría que ser la prioridad de "los abogados" y la excepción esos "otros juristas", de los que solo se invoca el género, pero no la especie.

Como dice el Estatuto General de la Abogacía Española, aprobado por Real Decreto 135/2021, de 2 de marzo, en su artículo 1.1 y 2:

*"1.- La **Abogacía es una profesión libre e independiente**, que asegura la efectividad del derecho fundamental de defensa y asistencia letrada y se constituye en garantía de los derechos y libertades de las personas. **Los profesionales de la Abogacía deben velar siempre por los intereses de aquellos cuyos derechos y libertades defienden** con*

respeto a los principios del Estado social y democrático de Derecho, constitucionalmente establecido.

2.- La profesión de la Abogacía se ejerce en régimen de libre y leal competencia. *Su contenido consiste en la actividad de asesoramiento, consejo y defensa de derechos e intereses públicos y privados, mediante la aplicación de la ciencia y la técnica jurídicas, en orden a la concordia, a la efectividad de los derechos y libertades fundamentales".*

Y en el artículo 4, se dispone:

"1.- **Son profesionales de la Abogacía** *quienes, estando en posesión del título oficial que habilita para el ejercicio de esta profesión, se encuentran incorporados a un Colegio de la Abogacía en calidad de ejercientes y se dedican de forma profesional al asesoramiento jurídico, a la solución de disputas y a la defensa de derechos e intereses ajenos, tanto públicos como privados, en la vía extrajudicial, judicial o arbitral.*

2.- **Corresponde en exclusiva la denominación de abogada o abogado** *a quienes se encuentren incorporados a un Colegio de la Abogacía como ejercientes".*

Así pues, de acuerdo con la normativa que acabamos de exponer, parece claro qué es un Abogado/a y qué no lo es. Se trata de una profesión libre e independiente, que se ejerce en régimen de libre y leal competencia.

No obstante estas claras disposiciones, es lo cierto que el quinto turno no se nutre normalmente de Abogados provenientes del sector privado, en el sentido que establecen las normas vigentes, sino de profesionales provenientes de otros Cuerpos del Estado que, de una manera subrepticia e indirecta, han llegado a establecer una especie de turno "propio" dentro del quinto turno.

Por ejemplo, no son pocos los Fiscales de Carrera que, a través del quinto turno, han accedido a la Sala Segunda del

Tribunal Supremo, reforzando la posición de la acusación pública en el ámbito de la Justicia Penal, o los Abogados del Estado que, también a través de este quinto turno, han accedido a la Sala Tercera del Tribunal Supremo, reforzando la posición de las Administraciones Públicas en la Jurisprudencia contencioso-administrativa o los Catedráticos de Universidad que aportan muchas veces una visión excesivamente teórica a la jurisprudencia y, en todo caso, bastante alejada de la visión práctica que pueden aportar los Abogados ejercientes.

Es verdad que esos "otros juristas" están previstos en la norma, pero lo que no está previsto es su prioridad o preferencia y que en el Tribunal Supremo estén sobrerrepresentados los profesionales provenientes del sector público, por encima de los que provienen del sector privado, cuando lo que quiere la norma es justamente lo contrario.

Pues bien, a mi modo de ver, ésa es otra de las anomalías que produce el sistema actual, basado no en las normas, sino en inercias ancestrales que hay que atajar. Si las normas vigentes establecen una prioridad en favor de los Abogados, que normalmente ejercen su función en el sector privado, lo que se quiere es que la visión y experiencia de estos profesionales enriquezcan las deliberaciones y decisiones del Alto Tribunal, por lo que no tiene ningún sentido que esas mismas Salas se pueblen de profesionales pertenecientes a otros Cuerpos del Estado que, por su procedencia y experiencia, no harán otra cosa que reproducir en la Sala la visión del sector público y defender sus postulados, visión que ya tienen suficientemente los Jueces y Magistrados de Carrera, que son también sector público.

Todo ello puede contribuir también a dañar la imagen de imparcialidad, neutralidad y equilibrio que debe presidir, en todo caso, la actuación del Tribunal Supremo.

La imparcialidad del Poder Judicial

La idea de imparcialidad en la actuación cotidiana de los Jueces y Magistrados no está presente de forma expresa en la Constitución española, sin embargo, puede entenderse que sí está ínsita en el derecho fundamental a un proceso con todas las garantías, previsto en su artículo 24.2

La jurisprudencia constitucional (así, por ejemplo, las SSTC 91/2021, de 22 de abril, 25/2022, de 23 de febrero, 59/2023, de 23 de mayo o más recientemente, la STC de 16 de enero de 2024), en línea con la doctrina establecida por el Tribunal Europeo de Derechos Humanos, ha declarado que el derecho a la imparcialidad judicial puede concretarse en las siguientes ideas:

*(I) El artículo 24 de la Constitución Española, a diferencia de lo que sucede con el artículo 6 del Convenio Europeo de Derechos Humanos, **no recoge el derecho a la imparcialidad judicial de forma singularizada**, lo que no ha sido obstáculo para que, a partir de las SSTC 113/1987, de 3 de julio y 145/1988, de 12 de julio, se reconociera que **queda integrado como una garantía más dentro del derecho a un proceso con todas las garantías** (art. 24.2 CE), con una **especial trascendencia en el ámbito penal**.*

*(II) El derecho al juez imparcial es una garantía fundamental de la administración de justicia en un Estado de Derecho que condiciona su existencia misma, ya que <u>**sin juez imparcial no hay, propiamente, proceso jurisdiccional**</u>. Esto exige, por <u>**estar en juego la confianza que los tribunales deben inspirar en una sociedad democrática**</u>, que en el ámbito de la jurisdicción penal se garantice al acusado que <u>**no concurre ninguna duda razonable sobre la existencia de prejuicios o prevenciones en el órgano judicial**</u>. Esto es, debe configurarse como un tercero entre partes que permanece ajeno a los intereses en litigio, que queda sometido exclusivamente al ordenamiento jurídico con una <u>**libertad de criterio que no esté** orientada a priori por simpatías</u>*

o antipatías personales o ideológicas, por convicciones e incluso por prejuicios. En definitiva, la obligación de ser ajeno al litigio puede resumirse en las reglas de que *el juez no puede asumir procesalmente funciones de parte* y que *no puede realizar ni mantener con las partes relaciones jurídicas o conexiones de hecho* que puedan poner de manifiesto o exteriorizar una previa toma de posición anímica a su favor o en contra.

(III) La imparcialidad judicial comprende una vertiente subjetiva, que es la que se refiere a la *ausencia de una relación del juez con las partes que pueda suscitar un interés previo en favorecerlas o perjudicarlas,* y una vertiente objetiva, referida al objeto del proceso, por la que se asegura que el juez se acerca al thema decidendi sin prevenciones ni prejuicios que en su ánimo pudieran quizás existir a raíz de una relación o contacto previos con el proceso.

(IV) Las dudas o sospechas sobre una eventual pérdida de la imparcialidad judicial no basta con que surjan en la mente de la parte que la alega, sino que *es preciso determinar en cada caso si las sospechas de que el juez ha comprometido su posición de neutralidad alcanzan una consistencia tal que permitan afirmar que están objetiva y legítimamente justificadas.* De ello se deriva que la imparcialidad judicial ha de presumirse y que las sospechas sobre su idoneidad han de ser probadas.

Poniendo en relación esta doctrina constitucional con lo que hemos dicho antes en relación con la "politización", tanto de la llamada cúpula judicial, como de las asociaciones judiciales y con la sobrerrepresentación en el seno del Tribunal Supremo de profesionales procedentes de otros Cuerpos del Estado, sin apenas presencia de Abogados procedentes del sector privado, como establece la LOPJ, es indudable que la imagen de imparcialidad que necesariamente debe presidir su actuación queda muy dañada.

En el contexto que acabamos de describir, es evidente que la actuación de algunos Jueces y Magistrados despiertan dudas más que razonables acerca de cuál haya sido la verdadera motivación de sus decisiones porque, en demasiadas ocasiones, esas mismas decisiones encuentran muy difícil fundamento en una interpretación racional y sosegada del ordenamiento jurídico y son mucho más fácilmente explicables desde un determinado activismo político y eso, no me cansaré de repetirlo, me parece extraordinariamente grave.

Y esas dudas se agravan aún más cuando algunas decisiones judiciales se contrastan con otras, procedentes de Tribunales de otros países de nuestro entorno más cercano que, en no pocas ocasiones, no han coincidido con el parecer de algunos de nuestros Magistrados. Aún aceptando que el Derecho no es una ciencia exacta y matemática, resulta muy difícil explicar estas diferencias de criterio tan acusadas.

Algunas reflexiones finales

En el contexto político actual, caracterizado por un encarnizado enfrentamiento entre los dos bloques existentes, es absolutamente imprescindible que el Poder Judicial mantenga no solo su independencia, sino también una imagen de imparcialidad y neutralidad.

Cualquier posicionamiento público de los Jueces y Magistrados españoles, avalando los postulados políticos de uno u otro bloque, arruina la imagen de imparcialidad, neutralidad política e independencia que debe presidir en todo caso el quehacer cotidiano del Poder Judicial.

El Poder Judicial ha de cumplir su función en el Estado social y democrático de Derecho y esta función no es otra que la de juzgar y hacer ejecutar lo juzgado, sometido únicamente al imperio de la ley, aunque en el fuero interno del juez, la ley que haya de aplicar no sea de su agrado personal.

La elección de los Vocales Judiciales del CGPJ tiene que basarse en un consenso parlamentario muy amplio que, por un lado, garantice la presencia en el seno del CGPJ del pluralismo existente en la sociedad y, muy especialmente, en la Carrera Judicial y, por otro, no se fundamente en las preferencias políticas que, en tanto que ciudadanos, puedan tener los Jueces y Magistrados elegidos.

Esa necesidad de amplio consenso es también necesaria para el caso de que sean los propios Jueces y Magistrados y sus Asociaciones profesionales los que elijan a los Vocales Judiciales.

El nombramiento discrecional de Magistrados del Tribunal Supremo ha de basarse en la "excelencia en el estricto ejercicio de la función jurisdiccional" y no en méritos complementarios o secundarios.

En la búsqueda de esa excelencia, han de primar: (i) el tiempo de servicio activo en la Carrera Judicial; (ii) el ejercicio en destinos correspondientes al orden jurisdiccional de la plaza de que se trate; (iii) el tiempo de servicio en órganos judiciales colegiados y (iv) las resoluciones judiciales de especial relevancia jurídica y significativa calidad técnica dictadas en el ejercicio de la función jurisdiccional, conforme al Reglamento de nombramientos discrecionales de 2010.

La provisión de plazas en el Tribunal Supremo por el quinto turno no puede basarse en una "reserva" de plazas para Fiscales, Abogados del Estado o Catedráticos de Universidad, sino que hay que dar prioridad a los Abogados, que ejercen su profesión en el sector privado, de forma libre e independiente, en régimen de libre y leal competencia.

Hay que exigir, tanto a los partidos políticos, como a sus terminales mediáticas y a las Asociaciones Judiciales vinculadas, que dejen al margen de su lucha política al Poder Judicial.

Si un Juez o Magistrado se siente llamado a ejercer un puesto político o de fuerte conexión política, ajeno a la Carrera Judicial, debe saber que su viaje es sin retorno, por lo que se hace necesario reformar la LOPJ para impedir las "puertas giratorias".

Los males denunciados en este escrito no son inocuos. Según el Centro de Investigaciones Sociológicas, en una reciente publicación de diciembre de 2023, el 66,2 % de la población española está poco o nada satisfecha con el funcionamiento de la Justicia.

A modo de Epílogo

Termino, como he empezado, citando a la Presidenta del Tribunal Europeo de Derechos Humanos que, en un discurso pronunciado el pasado 5 de octubre de 2023, en la sede del Tribunal Constitucional de España, afirmó que el Convenio Europeo y la jurisprudencia del Tribunal Europeo de Derechos Humanos desempeñan un papel vital a la hora de garantizar la existencia de **los elementos que necesitamos para disponer de una sociedad pacífica, que son democracia, tolerancia y pluralismo.**

DIAGNÓSTICO Y TERAPIA PARA LA REGENERACIÓN DEMOCRÁTICA

RAFAEL GÓMEZ PÉREZ[*]

Si se habla de regeneración de órganos institucionales se admite implícitamente que pueden degenerar o que, en determinados países, han degenerado. Si la regeneración es una terapia, tiene que estar precedida de un diagnóstico.

Para ese diagnóstico hay que recordar bases muy sencillas e intuitivas de filosofía política. Para las filigranas que en derecho se pueden hacer, lo que sigue es casi un libro de primaria, un catecismo en desuso. Hay eminentes juristas que hacen equilibrios en la cuerda floja de las leyes y de la jurisprudencia, pero también a ellos les conviene bañarse de vez en cuando en el saludable lago del sentido común. El lenguaje del derecho y de las sentencias, a veces tan abstruso, necesita una traducción "en román paladino, en la cual suele el pueblo hablar a su vecino".

---

[*] Doctor en Derecho y en Filosofía. Profesor emérito de Antropología Cultural (UCM)

Origen del poder legislativo

El origen de las leyes del poder legislativo es la soberanía nacional o del pueblo. Esto es pacífico. Continuamente se da coba al "pueblo soberano". Pero no se advierte que *soberanía nacional* es una expresión metonímica: se toma el todo por las partes. Las partes son los individuos o personas libres e iguales. Por eso, una democracia real tendría que ser directa, en la que todos interviniesen en la aprobación y promulgación de las normas y leyes. Esto, que parece utópico, se ha dado centenares de veces en pueblos originarios, donde el jefe de la tribu era elegido por todos los hombres y en algunas etnias matrilineales también por las mujeres. Lo mismo la aprobación de las normas, buscándose en las más serias la unanimidad. En Suiza hay algunos elementos de democracia directa. Se dan imperfecciones, pero el ciudadano, si lo desea puede involucrarse más en la gestión política del país.

En el siglo XXI se podría utilizar el mismo método que en algunos pueblos originarios gracias a la informática. La rapidez de los cálculos en ordenadores cuánticos daría los resultados en minutos.

Poder de pocos, poder de uno

En cualquier caso, es difícil que se renuncie a la democracia representativa, porque favorece, antes que nada, a los partidos políticos. Que se da de hecho una partitocracia es tan evidente que los mismos partidos lo confirman una y otra vez en el trasiego y componendas de las "ejecutivas". No pocos políticos, nacidos ya dentro de la sigla, crecen dentro de ella y se mueven y medran para conseguir un puesto que los alimente, en todos los sentidos.

En algunas democracias representativas, tras las elecciones, el pueblo deja de contar. Se vota a listas que elaboran los partidos y, dentro de ellos, una oligarquía cooptada por el presidente, que puede, si quiere, funcionar como máximo y único decisor. El elector lo ignora todo sobre quienes al final salen elegidos. En realidad, vota por un partido y, en la práctica, por quienes han elaborado la lista, finalmente aprobada por el líder. Los desconocidos diputados cuentan algo en el ejercicio del poder legislativo, pero, sea como sea, están absorbidos en el "grupo parlamentario". En realidad, un pleno del Congreso podría constar solo de media docena de personas, una por cada partido: el jefe de cada grupo parlamentario.

Por si eso fuera poco, se recurre cada vez más al decreto-ley, cuya posterior aprobación por el Parlamento, si hay una mayoría preestablecida, se parece mucho a un "sí, bwana".

En otros países, como Gran Bretaña, funciona el escrutinio mayoritario unipersonal. En cada distrito, los candidatos se trabajan el voto, porque solo será elegido uno. Y un elector cualquiera se podrá luego dirigir al ganador, porque es "su" candidato. De algún modo, el voto popular controla al elegido, sobre todo si este desea la reelección. En otros países, como Italia, se elaboran las listas por los partidos, pero existe, por parte de los electores, el llamado "voto de preferencia": se puede subrayar a un candidato, aunque esté en los últimos lugares de la lista. Y si recoge suficientes preferencias aumentan sus posibilidades de salir elegido.

Las deficiencias del sistema electoral de listas partidistas elaboradas en un entorno oligárquico o partitocrático no es que favorezcan la degeneración del poder legislativo; es que nace ya degenerado y súbdito del poder ejecutivo. Y cuando el poder ejecutivo y el poder legislativo son casi una sola cosa (en casos extremos: dependiendo de la voluntad de una sola persona), el único palo en la rueda es el poder judicial, es decir, la independencia y el sentido del derecho de millares de jueces y fiscales.

No extrañe, por tanto, que un posible e imaginario autócrata intentase controlar también el poder judicial. Por ejemplo, en hipótesis, fabricando a su imagen y semejanza un Tribunal Constitucional que declarase constitucionales las leyes que interesase al poder de tres cabezas, al moderno Cancerbero.

¿Dónde está el pueblo?

A todo esto, ¿dónde está el pueblo? Aun admitiendo que definir la democracia como el gobierno del pueblo, por el pueblo y para el pueblo es una bella metáfora, históricamente se han dado casos en los que el pueblo o una parte de él ha reaccionado ante la concentración de Poder en manos de unos pocos o de una sola persona. Sin embargo, es más frecuente que el pueblo acepte lo que ya en el siglo XV Étienne de la Boétie, en 1574, llamó "servidumbre voluntaria": "Son los pueblos mismos los que se dejan, o más bien se hacen devorar, pues dejando de servir se librarían de él (del tirano). Es el pueblo el que se subyuga, el que se degüella, el que pudiendo elegir entre ser siervo o ser libre, abandona su independencia y se unce al yugo". Alexis de Tocqueville ya advirtió, a mediados del XIX, la creciente centralización de los gobiernos y la aparición de poderes tutelares. (también clientelares). En ese clima los ciudadanos abandonarán su libertad a cambio de un despotismo blando, que provea de seguridad a sus necesidades y facilite sus placeres.

Cultura y Derecho

No es acertado estudiar los órganos constitucionales en abstracto sino en el tipo de cultura en el que tienen que ejercer sus funciones. De ahí la importancia de delimitar de algún modo las formas y hábitos culturales que se dan en cada época.

Occidente, y España quizá de un modo singular, vive en una cultura posmoderna en la que un rasgo, esencial en cualquier sociedad desde el principio de los tiempos, la "importancia" de

DIAGNÓSTICO Y TERAPIA PARA LA REGENERACIÓN DEMOCRÁTICA

Dios ha venido a menos. No es que no existan millones de creyentes, sino que, incluso entre parte de ellos (y no digamos entre los que, en progresión creciente, se declaran "sin religión"), no hay consciencia de lo que significa la Ley de Dios. Los antiguos tratados se referían a la Ley de Dios, a la ley moral natural y a las leyes humanas (positivas). De la ley de Dios emanaba la ley moral natural, descubrible en la conciencia de cada ser humano; y de esa ley moral natural derivaban las numerosas, cambiantes y oportunas leyes humanas.

Esto no es una posición exclusivamente cristiana ni mucho menos eclesiástica. Se encuentra en el antiguo pensamiento estoico, tan presente en el derecho y en la filosofía romanas. En *De legibus* escribe Cicerón: "lex est ratio summa, insita in natura, quae iubet ea quae facienda sunt, prohibetque contraria", "la ley es la razón suprema, inherente a la naturaleza, que manda lo que se debe hacer y prohíbe lo contrario". También en Confucio: en un libro compuesto por un nieto suyo se puede leer: "El mandato del Cielo a los seres vivientes se llama naturaleza racional. El principio que nos dirige en la conformidad de nuestras acciones con la naturaleza racional, se llama regla de conducta moral o vía recta. El sistema coordinado de la regla de conducta moral o vía recta se llama doctrina de los deberes o instituciones". Y de Lao Tsé es esto: "El hombre sigue la ley de la tierra. La tierra sigue la ley del cielo. El cielo sigue la ley del Tao. El Tao sigue su propia ley".

En el hinduismo, el Dharma es la ley moral universal que rige el cosmos en su totalidad. En el mundo griego, el ejemplo de la vigencia de esa ley es clave en la rebelión de Antígona al oponerse al decreto-ley del tirano Creonte, que prohibía que se dieran honras fúnebres a un hermano de ella: "Y no creía yo que tus decretos tuvieran tanta fuerza como para permitir que solo un hombre pueda saltar por encima de las leyes no escritas, inmutables, de los dioses: su vigencia no es de hoy ni de ayer, sino de siempre, y nadie sabe cuándo fue que aparecieron".

¿Qué puede ocurrir cuando se pierde la conciencia o se obnubila sobre la validez de las leyes divinas o, al menos, de la ley moral natural? Que con las leyes humanas se puede hacer cualquier cosa y, en ese proceso, se devalúan, se utilizan para fines espurios, se hacen incluso según el capricho o las filias de un determinado ministro o ministra. El Derecho se convierte en propaganda y se hacen leyes que introducen conceptos contrarios a la más elemental filosofía, es decir, a la lógica.

Un ejemplo reciente es establecer "derechos de los animales". Los animales deben ser tratados por el ser humano con cuidado y esmero, y nada más humano que respetar la vida, en cualquiera de sus manifestaciones. Pero los animales no tienen derechos, porque no tienen deberes. El animal no es sujeto de derechos sino objeto de deberes. Hay deberes humanos hacia los animales, pero no derechos animales versus los humanos. Esto parece elemental, pero por brechas como esa se cuela una visión del derecho como simple ideología.

Esas leyes, a su modo, "moralizan", es decir hacen que se considere "bueno", "aceptable", "correcto" no solo lo que en realidad lo es sino también lo que no lo es. Por ejemplo, ¿a qué "cráneo privilegiado", que diría Valle-Inclán, se le ha podido ocurrir legislar nada menos que sobre una institución, la familia, de cuyo funcionamiento depende estructuralmente la sociedad, estableciendo categorías sacadas de una sociología barata y de rápido consumo?

El anything goes, el todo vale de la posmodernidad, aun teniendo la apariencia de la mayor libertad, la limita en el sentido de que la concentración del poder tiende a utilizar el mismo "principio", aunque en una propia interpretación: "todo vale menos perder el poder". De ahí el afán de aumentarlo cada vez más, de extenderlo. Y el ciudadano que podía pensar que en el *todo vale* encontraba ventajas para sus deseos, sus propósitos y acaso sus vicios, se encuentra en realidad con casi nada de ese poder que, según una convención hipócrita, reside en el pueblo.

La influencia mediática

El pueblo, el sufrido pueblo, ha sido siempre "adoctrinado". Durante siglos de analfabetismo, los encargados de adoctrinar eran el culto y el clero. Dando por sentado el adoctrinamiento, todo dependía de la calidad de la doctrina que se impartía y de la categoría personal de quienes lo hacían. Eran épocas en las que se adoctrinaba en que el poder viene de Dios, sí, pero recaía en sus elegidos en la Tierra, los reyes.

Cuando por fin se abre paso que el poder (se crea o no originado en Dios) está en el pueblo que lo delega en sus gobernantes, se podría pensar que ya no cabría una indoctrinación. El fantasioso y buen literato Jean-Jacques Rousseau lo puso como posibilidad: "Encontrar una forma de asociación que defienda y proteja de toda fuerza común a la persona y a los bienes de cada asociado, y por virtud de la cual cada uno, uniéndose a todos, no obedezca sino a sí mismo y quede tan libre como antes". "Tal es el problema fundamental, al cual da solución el Contrato social".

En la época de Rousseau cobra un gran auge la influencia de periódicos, revistas, manifiestos, papeles que en los dos siglos siguientes no ha hecho más que aumentar. Los medios, de un modo o de otro, se decantan por una ideología y, a la vez, los Gobiernos saben las muchas maneras que tiene de influir en ellos para que "orienten" en la dirección deseada. Hay una "derecha mediática" y una "izquierda mediática", en el sentido de una proximidad ideológica con los respectivos partidos. Y, en cualquier caso, lo mediático adoctrina.

Algo importante cambia con la aparición de internet y de las redes sociales. En principio, esa realidad hace posible, por primera vez en la historia, que cualquier persona exprese y difunda su pensamiento, opinión y actitud *urbi et orbi*, sea sabia o excéntrica o ignorante. Pero un medio tan suculento no tarda en ser aprovechado por los militantes más ideológicos de los partidos. El resultado es que las redes se llenan no solo de peces más o menos comestibles, sino también de botas viejas, restos de bicicletas, botellas de plástico y miembros podridos de pensamientos inútiles. De nuevo una confirmación de que *todo vale*.

El pueblo sigue siendo adoctrinado, pero en la confusión, y esto es ámbito favorable para no advertir la degeneración de las instituciones. Si se puede impunemente atacar "lo más sagrado", se ve con indiferencia que el Poder arrase, mientras un difundido individualismo colectivo pueda disfrutar de las migajas que quedan para el pueblo.

Los remedios

Hasta aquí un planteamiento que puede ser calificado de pesimista. Pero no se es pesimista, sino realista, cuando se destacan los rasgos pésimos de una cultura. Malas culturas se han dado con frecuencia en la historia. En el prefacio de *Ab urbe condita*, escribió Tito Livio refiriéndose a una época relativamente temprana: "después, al debilitarse gradualmente la disciplina, sígase mentalmente la trayectoria de las costumbres: primero una especie de relajación; después, perdieron base cada vez más y comenzaron a derrumbarse: hasta que se llegó a estos tiempos en que no somos capaces de soportar nuestros vicios ni su remedio". Dante escribe en la *Divina Comedia*: "en medio del mar hay un país gastado". Poco dudan que la cultura nazi fue una cultura degenerada. Y hay que tener un estómago de hierro para digerir la cultura estalinista.

Pero que se den rasgos pésimos no quiere decir que sean imposibles los remedios que, si se quiere, pueden ser calificados como "revoluciones". Una primera revolución es la del desarrollo de un pensamiento crítico que no dé por bueno, sin más, lo mayoritario, sino que se atreve a disentir con las palabras y, sobre todo con los hechos. Y esto enlaza con otra revolución pendiente, la de la honradez, exigible a cualquier ser humano, pero de un modo especial a quienes tienen alguna responsabilidad en el poder, sea el legislativo, el ejecutivo o el judicial. El ser humano está dotado de una joya interior, que se llama conciencia, capaz de rebelarse, a favor del bien, cuando ve que se extiende el mal. Porque el intelectual exquisito puede hacer malabarismos semánticos para no reconocer la existencia del mal, pero el mal es más tozudo que una mula y se presenta una y otra vez. O ¿cómo se puede condenar, por ejemplo, la violencia de género y no reconocer que está mal? El intelectual exquisito lo es también en su hipocresía.

Cuando se advierte una degeneración en las instituciones, el principio de una regeneración solo se da con la suma creciente de actitudes individuales. No basta escudarse en el paraguas de una asociación, de un grupo o de una conferencia. Ha de haber espíritus valientes, como lo que evocaba Quevedo: "No he de callar por más que con el dedo, /ya tocando la boca o ya la frente, / silencio avises o amenaces miedo. / ¿No ha de haber un espíritu valiente?" Los modos de intimidación han cambiado, pero siguen existiendo. Hay espíritus valientes que dejan de serlo si se les da un cargo o una posición crematística.

Si el poder ejecutivo se sirve, como de un escudero, del legislativo, los espíritus valientes han de salir del poder judicial, con el apoyo de la osada gente que se atreve a decir no solo que "el emperador está desnudo", sino que hace el ridículo creyéndose que sus trampas y argucias pasarán a la historia.